**ANTONIANO
BOLOGNA**

*Dall'esperienza
e a ricordo di una
produzione televisiva
dell'Antoniano di Bologna*

Ramallah

Gerico

Emmaus

Ain Karem

Betfage

Betania

Gerusalemme

Betlemme

Beit Sahur

Mar Morto

Hebron

Giudea

ISRAELE

Dese

Gaza

STRISCIA DI GAZA

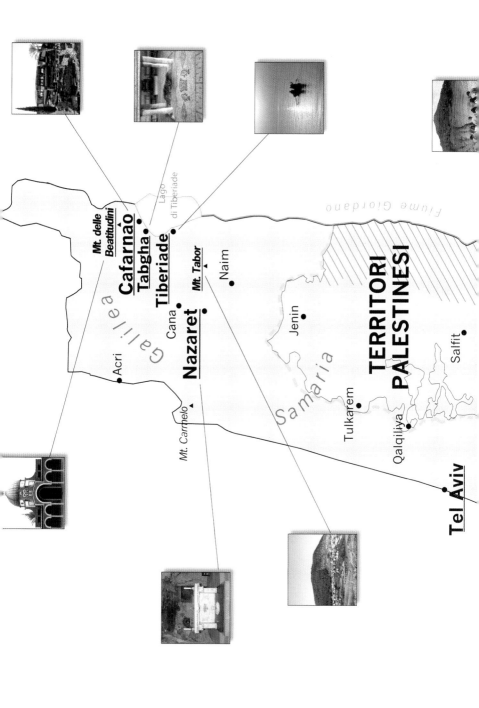

Mt. delle Beatitudini

Cafarnao

Tabgha

Tiberiade

Lago di Tiberiade

Fiume Giordano

Galilea

Cana

Naim

Mt. Tabor

Nazaret

Acri

Jenin

TERRITORI PALESTINESI

Samaria

Mt. Carmelo

Tulkarem

Salfit

Qalqiliya

Tel Aviv

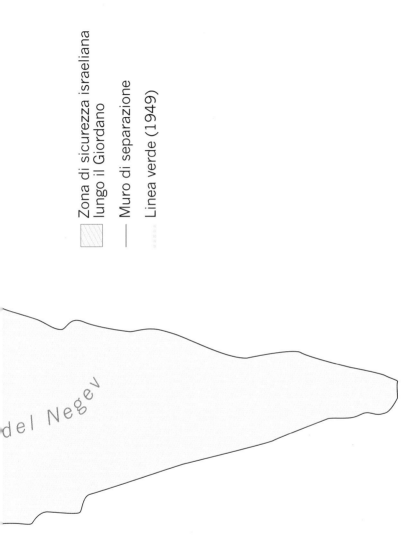

del Negev

Pubblicato da Edizioni Terra Santa - Milano,
per conto di Antoniano di Bologna

Testi: Angela Senatore
Supervisione storico-archeologica: Stefano De Luca
Foto: Alessandro Caspoli, Sergio Marzocchi, Fabrizio Palaferri, i ragazzi in cammino.

Contributi contenutistici e iconografici tratti dal volume «Sulle orme di Gesù.
Guida ai santuari di Terra Santa», Edizioni Terra Santa, Milano 2011

Progetto grafico e impaginazione: Francesco Di Santo
Coordinamento progetto: Manuela Gargiulo, Antonella Tosti

Finito di stampare nel mese di luglio 2011 da
AZETA PRINT SERVICE srl
Via dell'Osservanza 88/A - 40136 Bologna

ISBN 978-88-6240-131-9

Edizioni Terra Santa
Via G. Gherardini 5 – 20145 Milano (Italy)
tel.: + 39 02 34592679 - fax: + 39 02 31801980
http://www.edizioniterrasanta.it - e-mail: editrice@edizioniterrasanta.it

Antoniano
Via G. Guinizelli 3 - 40125 Bologna
tel.: + 39 051 3940211 - fax + 39 051 341844
http://www.antoniano.it - e-mail: info@antoniano.it

CAMMINANDO

per le strade della Terra Santa

Monte delle Beatitudini | Lago di Tiberiade | Cafarnao | Tabgha | Monte Tabor
Nazaret | Il Giordano | Gerico | Betlemme | Gerusalemme | Cenacolo
Getsemani | Dominus Flevit e altre memorie cristiane | Via Dolorosa | Santo Sepolcro

ANTONIANO
BOLOGNA

edizioni terra santa

ISTANTANEE DI UN CAMMINO

Un viaggio di due settimane. Una produzione televisiva itinerante che ha per protagonisti cinque adolescenti in cammino, come riportano i comunicati stampa, «tra le contrade in cui germogliò il *lieto annunzio* che cambiò il mondo, in una Terra Santa che è un quinto Vangelo».
Siamo un gruppo di tredici; per molti di noi lavorare insieme è un'abitudine, ma questa volta sentiamo che sarà diverso perché diversi da ogni altro sono questi luoghi in cui - il comunicato stampa continua così - «anche le pietre parlano della rivelazione unica di Dio all'uomo». Abbiamo anche stanchezze diverse. Per i ragazzi, un anno scolastico appena concluso. Per noi adulti, un periodo di intensissimo lavoro. L'inizio è stato interlocutorio. C'era

da trovare la misura. La misura del rapporto tra i ragazzi; tra tutti loro e la videocamera, mai invasiva, perché non siamo qui per giocare al reality. La misura del rapporto tra i ragazzi e i luoghi, soprattutto. E poi gli spostamenti, gli appuntamenti, i pasti, la documentazione di ogni momento del viaggio. Un programma di lavoro da sedici ore al giorno. Eppure un lavoro che fin dal primo giorno non è stato solo, semplicemente, lavoro.
E questo è diventato ancora più evidente a Gerusalemme, tappa finale e compimento del nostro percorso: quello televisivo e quello che, più o meno consa-

pevolmente, sta compiendo ognuno di noi.

Alloggiamo all'ultimo piano di un ex orfanotrofio nel cuore della Città Vecchia.

Con una grande terrazza affacciata su un mosaico di minareti, cupole, campanili intricati come la storia millenaria di questa terra. Ed è un privilegio poterla abbracciare così, da quassù, in un unico sguardo.

Ormai il nostro gruppo somiglia sempre meno ad una troupe televisiva. La giornata è densa. Rientriamo a notte fonda. I ragazzi non hanno voglia di chiudersi in camera. Quattro pareti non possono contenere il bagaglio che ognuno si ritrova, ora, a viaggio compiuto. E questa notte limpida di luglio, fresca, stellata è così bella da non poter andare sprecata.

Trasferiamo coperte, sacchi a pelo, materassi e cuscini in terrazza. Sono quasi le due quan-

do si smorzano chiacchiere e battute, le costellazioni che non abbiamo individuato resteranno per sempre un mistero e la brezza che arriva da est si porta via l'ultimo *buonanotte*. Nella sospensione del dormiveglia, tutto sfuma, si mescola, perde contorno. Come quando nel pomeriggio, alla via Crucis, le voci dei fedeli si fondevano al canto del muezzin e alle radio nelle botteghe del suq.

Un proverbio della tradizione rabbinica dice: «Quando Dio creò il mondo di dieci misure di bellezza, nove le diede a Gerusalemme e una al resto del mondo; di dieci misure di dolore, nove le diede a Gerusalemme e una al resto del mondo».

Questa pubblicazione è ricordo e testimonianza del nostro percorso, non esaustivo di tutti i siti e le contrade che hanno visto fiorire il Vangelo di Gesù, ma significativo di un'esperienza personale e di gruppo difficilmente archiviabile.

È un primo approccio - per parole, immagini, incontri - ai luoghi santi più importanti della cristianità.

È l'invito, rivolto soprattutto ai più giovani, a mettersi in cammino - insieme - per le strade della Terra Santa. E, durante il viaggio, a cogliere l'invisibile che è in ognuno.

a.s.

I RAGAZZI IN CAMMINO

CARLOTTA

15 anni, liceo scientifico. Travolgente. Farebbe conversazione perfino con i sassi del deserto del Negev. Sportivissima senza essersi mai dedicata ad uno sport - basket, nuoto, equitazione, ginnastica... - per più di sei mesi! Da grande vorrebbe diventare una biologa marina e lavorare con i delfini.

MARIA CLARA

15 anni, liceo classico. Mutevolissima. Sole e luna. Ma sempre ironica. Adora la compagnia e lo spirito di gruppo. Può svegliarsi in ritardo, smarrire il passaporto, lamentarsi per il sole e le salite, scivolare tre volte in venti passi, ma che viaggio sarebbe senza le sue risate e le sue acutissime osservazioni?

PIETRO

16 anni, liceo classico. È l'intellettuale del gruppo, ma non ha proprio niente del secchione. Argomenta alla grande. Ma non solo. Fa teatro. È uno scout. Un viaggiatore nato. Versatilissimo: sa tradurre il latino e montare una tenda con la stessa competenza. Cerebrale al primo approccio, al secondo il suo humour irresistibile ha già catturato tutti.

SARA

·17 anni, liceo classico. Guarda le cose, i fatti, le persone da angolazioni tutte sue. E sa coglierne l'essenza con la macchina fotografica. Non rinuncia a mettersi in discussione e ad aprirsi agli altri con grande sincerità. Suona la chitarra. Compone, rigorosamente in inglese. E quando le parole non bastano... si può sempre cantare.

RICCARDO

18 anni, istituto tecnico commerciale. Ama il calcio e tutto quanto è ipertecnologico, ma anche i libri di psicologia. Tirare tardi con gli amici, ma anche starsene un po' da solo. Molto interessato alla relazione con gli altri e ad approfondire i sentimenti grandi e veri. Parte con molti dubbi e quasi per sfida (con se stesso).

MONTE DELLE BEATITUDINI

In un paesaggio ondulato di colline sull'azzurro del lago di Tiberiade duemila anni fa le folle accolsero uno dei momenti più alti del *lieto annuncio* di Gesù. Il discorso della Montagna, in otto rivoluzionarie sentenze, sovvertiva ogni gerarchia di valori umani proclamando beati i deboli, i perdenti, gli oppressi.

Risalendo il colle da Tabgha verso nord, resti di muri del IV secolo - riportati alla luce da P. Bellarmino Bagatti - sono ciò che resta di un antico santuario (con piccolo monastero annesso) che qui doveva segnare il luogo storico del discorso. Così annotava la pellegrina Egeria: «Una grotta ascendendo la quale il Signore disse le Beatitudini». Sugli intonaci è possibile scorgere gli antichi graffiti tracciati dai pellegrini.

Il nuovo Santuario delle Beatitudini, edificato nel 1937 sulla sommità del colle, richiama nella pianta ottagonale il numero delle beatitudini, trascritte sulle otto finestre del tamburo superiore. La semplicità delle linee architettoniche e la luce che filtra dal deambulatorio aperto ad

9

archi verso l'altare centrale danno vita ad un insieme di grande armonia. All'esterno il quadro naturale di eccezionale bellezza è esso stesso un invito alla preghiera.

Il Vangelo

Beati i poveri in spirito, perché di essi è il regno dei cieli.
Beati quelli che sono nel pianto, perché saranno consolati.
Beati i miti, perché avranno in eredità la terra.
Beati quelli che hanno fame e sete della giustizia,
    perché saranno saziati.
Beati i misericordiosi, perché troveranno misericordia.
Beati i puri di cuore, perché vedranno Dio.
Beati gli operatori di pace,
    perché saranno chiamati figli di Dio.
Beati i perseguitati per la giustizia,
    perché di essi è il regno dei cieli.
Beati voi quando vi insulteranno,
    vi perseguiteranno e, mentendo,
    diranno ogni sorta di male contro di voi per causa mia.
Rallegratevi ed esultate,
    perché grande è la vostra ricompensa nei cieli.
    Così infatti perseguitarono i profeti che furono prima di voi.

(Matteo 5, 1-12)

PIETRO

Fai fatica a capire come concretamente puoi applicare le Beatitudini oggi, nella vita di tutti i giorni, se vivi in un contesto in cui chi ha le scarpe firmate è ritenuto migliore degli altri. Fai fatica a capire l'attualità delle Beatitudini, oggi, quando tutto ti spinge al successo, ad essere riconosciuto come il più forte. Ma tornandoci su, rileggendole, scopri che queste parole hanno forse un significato più nascosto che va trovato nel tempo, va ricercato più a lungo.

CARLOTTA

E allora può essere importante rileggere le Beatitudini la mattina prima di cominciare la giornata o la sera prima di andare a dormire, senza avere fretta, lasciandoci il tempo di scoprirle... nel tempo.

LA PELLEGRINA EGERIA

Egeria, cittadina romana vissuta nel IV-V secolo, è autrice di un *Itinerarium,* una sorta di diario di viaggio in cui ha annotato e raccontato il suo pellegrinaggio nei luoghi sacri della cristianità.

Tiberiade

LAGO DI TIBERIADE

Una distesa d'acqua dolce 209 metri sotto il livello del Mediterraneo, alimentata principalmente dal fiume Giordano - che entra a nord per uscire a sud - e da sorgenti saline minori: è il lago di Gesù. Orlato a levante dalle alture del Golan e nell'angolo nord-est confinante con la Siria, il lago misura 21 km di lunghezza per quasi 12 km di larghezza, con una superficie totale di circa 150 kmq.

Nell'Antico Testamento è menzionato come Mare di Kinneret, forse derivazione dalla parola ebraica che significa cetra cui rimanda la forma del bacino, Stagno di Genesaret o ancora Gennesar, da un antico villaggio che sorgeva sulle sue sponde. Per la sua estensione e la sua pescosità, era conosciuto anche come Mare di Galilea. Prese poi il nome di Lago di Tiberiade dalla più importante città della regione.

Su queste increspature di verde-azzurro e tra le spiagge ondulate che le circondano, ebbe luogo la prima fase del ministero di Gesù e trovano ambientazione alcuni tra i più intensi episodi evangelici.

Hippos

12

Il Vangelo

In quel medesimo giorno, venuta la sera, disse loro:
«Passiamo all'altra riva». E, congedata la folla, lo presero con
sé, così com' era, nella barca. C'erano anche altre barche con
lui. Ci fu una grande tempesta di vento e le onde si
rovesciavano nella barca, tanto che ormai era piena. Egli se
ne stava a poppa, sul cuscino, e dormiva. Allora lo svegliarono
e gli dissero: «Maestro, non t importa che siamo perduti?».
Si destò, minacciò il vento e disse al mare: «Taci, calmati!».
Il vento cessò e ci fu grande bonaccia. Poi disse loro:
«Perché avete paura? Non avete ancora fede?». E furono
presi da grande timore e si dicevano l'un l'altro: «Chi è
dunque costui, al quale anche il vento e il mare
obbediscono?»

(Marco 4, 35-41)

Tiberiade fu fondata nel 18 d.C. da Erode Antipa sul sito dell'antica città di Rakkat e all'incrocio di due grandi vie antiche: la strada dalla Siria verso l'Egitto e la strada dal Mediterraneo, attraverso la piana di Esdrelon, verso l'oriente.

Così denominata in omaggio all'imperatore romano Tiberio, la nuova città fu inizialmente disertata dagli ebrei che la ritenevano legalmente impura perché edificata su una necropoli. Solo quando - in seguito alla caduta di Gerusalemme - vi si trasferì il sinedrio liberando la città dall'interdizione, Tiberiade fu meta di una massiccia immigrazione ebraica e culla di una fiorente scuola talmudica. Sotto Costantino fu sede episcopale; circa tre secoli dopo, nel 637, venne occupata dagli arabi.

Conquistata dai Crociati, divenne la capitale del principato di Galilea, nel regno latino di Gerusalemme. Scavi recenti hanno portato alla luce la porta del castello che nel 1187 fu teatro della storica battaglia ai Corni di Hattin, che si concluse con la definitiva sconfitta dell'esercito crociato e la presa della città da parte di Saladino.

Di epoca crociata sono anche i resti della cattedrale scoperta negli anni Ottanta del '900 e quelli della chiesa di San Pietro, portata alla luce alla fine degli anni Trenta da padre Bellarmino Bagatti. La chiesa crociata di San Pietro, già di S. Andrea, convertita in moschea in seguito all'occupazione araba, venne acquistata dai francescani che elevarono una nuova facciata ed un ospizio attiguo per i pellegrini. L'ab-

side costruita ad angolo acuto riprende nella forma le imbarcazioni caratteristiche del vicino lago. Nel cortiletto la statua di San Pietro è una riproduzione di quella nella basilica vaticana.

All'epoca di Gesù, altre città importanti sul lago erano Magdala, Cafarnao, Korazim sulla riva occidentale; Betsaida, Kursi, Hippos sulla riva orientale.

Hippos, ubicata sulle colline in una posizione scenograficamente superba, sta rivelando tracce monumentali del suo passato, come i resti di cinque chiese bizantine.

Sulla stessa sponda, appaiono i resti del monastero di Kursi - uno dei più grandi monasteri mai portati alla luce in Israele - eretto tra il V e il VI secolo a commemorazione del miracolo dell'indemoniato di Cerasa.

«Vi era là una grande mandria di porci, al pascolo sul monte. I demòni lo scongiurarono che concedesse loro di entrare nei porci. Glielo permise. I demòni, usciti dall'uomo, entrarono nei porci e la mandria si precipitò, giù dalla rupe, nel lago e annegò». (Luca 8,32-33)

Sul pendio della collina, i resti di una piccola cappella indicano il luogo in cui secondo la tradizione viveva l'uomo salvato da Gesù. Una pietra ricorda il punto da cui i porci si gettarono in acqua.

Sempre sulla sponda orientale, laddove il fiume Giordano si riversa nel lago, è ubicata Betsaida, città natale di Pietro e Andrea. I resti di due grandi, semplici case, fanno pensare a più famiglie riunite sotto lo stesso tetto, forse di pescatori.

Sulla sponda occidentale, si profilano i resti di Korazim, con le case e la sinagoga di epoca tardo romana e bizantina recentemente restaurate.

Sulla stessa riva si delinea Magdala, la città di Maria Maddalena, all'epoca di Gesù importante centro peschereccio, come indica il nome talmudico di Migdal Nunaya, "Torre dei pesci". Un'interessantissima struttura, un tempo indicata come piccola sinagoga, è stata più recentemente identificata come un bagno termale. Magdala era probabilmente una bella e prospera città dai grandi edifici pubblici. Campagne di scavo hanno riportato alla luce anche tracce di un monastero cristiano e di case private di epoca romana.

Sulla riva nord-occidentale, si profila l'area archeologica di Cafarnao.

Kursi

CAFARNAO

"La città di Gesù": così, semplicemente, Matteo definisce Cafarnao.

Durante i tre anni della predicazione itinerante in Galilea, Gesù fece di Cafarnao la sua dimora stabile e il centro di irradiazione del suo ministero pubblico. Numerosi episodi evangelici trovano a Cafarnao la loro ambientazione storica, il loro scenario geografico: qui Gesù scelse Pietro e gli altri apostoli, qui operò numerosi miracoli, qui pronunciò nella sinagoga il discorso sull'Eucarestia.

All'epoca, Cafarnao era molto frequentata perché era attraversata dalla Via Maris, la principale ed antichissima via di comunicazione tra l'Egitto e Damasco che, mediante il porto di Cesarea, collegava il Medio Oriente con tutto il bacino del Mediterraneo.

I dodici quartieri abitativi, riportati alla luce dal lavoro degli archeologi, permettono di ricostruire la vita comune del villaggio, con le sue numerose attività: domestiche, di norma ambientabili nei cortili delle case per più famiglie;

artigianali, come la produzione di vetro, ceramica e utensili in pietra; agricole, con i campi di grano, i palmeti e gli uliveti; commerciali, con i prodotti di esportazione ed importazione; industriali, con mulini e frantoi oleari.

Il primo edificio ad essere scavato fu, nel 1866, la sinagoga. Da alcuni ritenuta dell'epoca di Gesù (I secolo) e da altri di poco posteriore (II-III secolo), fu completamente liberata dalle rovine e parzialmente ricostruita. Poco lontano, furono rinvenuti i resti di una chiesa ottagonale con pavimento in mosaico policromo della fine del V secolo. Tra il 1968 e il 1992 scavi e restauri ripresero sotto la guida degli archeologi francescani Virgilio Corbo e Stanislao Loffreda. La chiesa bizantina risultò essere stata costruita su un'area comprendente una sala venerata, adattata al culto e alla visita dei pellegrini nel IV secolo. La sala, appartenente ad un complesso abitativo risalente al I secolo a. C., fu un luogo di culto per la comunità giudeo-cristiana di Cafarnao già a partire dalla fine del I secolo d. C.

Si ritiene che la struttura possa identificarsi con quella che la tradizione indicava come la casa di Pietro. Di questo ambiente è meglio conosciuto il cortile nord, dotato di focolari per cucinare le vivande, di scale per accedere ai tetti e aperture conducenti a diverse piccole stanze; una porta principale dava sulla strada.

Nel 1991 è stato inaugurato il moderno Memoriale di Pietro.

Il Vangelo

Mentre camminava lungo il mare di Galilea, vide due fratelli, Simone, chiamato Pietro, e Andrea suo fratello, che gettavano le reti in mare, erano infatti pescatori. E disse loro: «Venite dietro a me, vi farò pescatori di uomini». Ed essi subito lasciarono le reti e lo seguirono. Andando oltre, vide altri due fratelli, Giacomo, figlio di Zebedeo, e Giovanni suo fratello, che nella barca, insieme a Zebedeo loro padre, riparavano le loro reti, e li chiamò. Ed essi subito lasciarono la barca e il loro padre e lo seguirono.

(Matteo 4,18-22)

CARLOTTA

Di solito le novità mi mettono un po' di ansia, ma dopo un primo impatto magari un po' traumatico, inizio a considerarle come sfide da affrontare. Ogni tanto mi viene da pensare che anche i pescatori, di fronte alla chiamata di Gesù, abbiano provato le stesse sensazioni di dubbio, di timore.

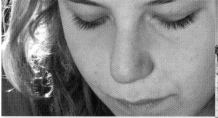

MARIA CLARA

Mi colpisce che i discepoli seguano Cristo senza pensarci. Lui arriva, li chiama e loro vanno. Non dicono niente, non gli chiedono... ma vanno, lasciano tutto e vanno.

PIETRO

Gesù dice loro che diventeranno pescatori di uomini e quindi il loro essere pescatori in un certo senso rimane, ma cambia, diventa più alto e viene nobilitato dall'intervento del Signore: ciò che prima facevano magari per loro stessi - pescare pesci per mangiare - ora diventa un pescare che viene fatto anche per gli altri, quindi per un bene comune.

TABGHA

Il nome et-Tabgha deriva dal greco Heptapegon - "le 7 sorgenti" - e si riferisce alle fonti naturali che da qui, ancora oggi, si riversano nel lago di Tiberiade.

Alcune sono di acqua calda e ciò rende particolarmente pescoso questo tratto di costa, specialmente di notte, quando la temperatura scende e le correnti calde attraggono i pesci verso riva.

La zona è caratterizzata da un esteso substrato roccioso, senza tracce di abitazioni antiche; è quindi poco adatta per l'agricoltura, ma ricca di vegetazione per l'abbondanza di acqua.

Era quindi un luogo ideale dove Gesù poteva comodamente radunare molta gente.

Scriveva la pellegrina Egeria nel suo diario di viaggio agli inizi del V secolo:
«Lì c'è anche, al di sopra del mare, un prato erboso con molto fieno e molte palme e lì accanto le Sette Sorgenti, delle quali ognuna fornisce una gran quantità d'acqua. In quel prato il Signore ha sfamato il popolo con cinque pani. La pie-

Il Vangelo

Sceso dalla barca, egli vide una grande folla, ebbe compassione di loro, perché erano come pecore che non hanno pastore, e si mise a insegnare loro molte cose. Essendosi ormai fatto tardi, gli si avvicinarono i suoi discepoli dicendo: «Il luogo è deserto ed è ormai tardi; congedali, in modo che, andando per le campagne e i villaggi dei dintorni, possano comprarsi da mangiare».

Ma egli rispose loro: «Voi stessi date loro da mangiare». Gli dissero: «Dobbiamo andare a comprare duecento denari di pane e dare loro da mangiare?». Ma egli disse loro: «Quanti pani avete? Andate a vedere». Si informarono e dissero: «Cinque, e due pesci». E ordinò loro di farli sedere tutti, a gruppi, sull'erba verde. E sedettero, a gruppi di cento e di cinquanta. Prese i cinque pani e i due pesci, alzò gli occhi al cielo, recitò la benedizione, spezzò i pani e li dava ai suoi discepoli perché li distribuissero a loro, e divise i due pesci fra tutti. Tutti mangiarono a sazietà, e dei pezzi di pane portarono via dodici ceste piene e quanto restava dei pesci. Quelli che avevano mangiato i pani erano cinquemila uomini.

(Marco 6, 34-44)

tra sopra la quale il Signore posò i pani è stata trasformata in altare. Da questa pietra i visitatori portano via quello che vogliono per il loro benessere, e porta giovamento a tutti».

Il moderno Santuario della Moltiplicazione dei Pani e dei Pesci riprende esattamente il perimetro e la forma della basilica bizantina a tre navate riportata alla luce dagli scavi del 1932, con la sua ricca pavimentazione musiva ben conservata. La basilica fu a sua volta edificata su una preesistente cappella del IV secolo di cui rimangono tracce delle fondamenta. La roccia naturale situata sotto l'altare mostra di aver subito l'asporto di numerosi frammenti, così come si narra nel racconto di Egeria.

Nel mosaico centrale si nota una cesta di pane con un pesce a destra e uno a sinistra. È l'unica immagine di carattere espressamente cristiano: tutte le altre riprendono i più diversi generi d'uccelli e varietà di piante e rappresentano dei semplici ornamenti dall'influsso egiziano.

Nota

Nello splendido mosaico davanti all'altare sono raffigurati solo quattro pani, non i cinque citati dal Vangelo. I religiosi del Santuario, che volentieri affiancano i pellegrini nella visita, spiegano: «Sapete qual è il quinto pane? Gesù Eucarestia. Gesù che spezza il pane e sfama le folle. I destinatari di questo gesto - le donne, gli uomini... - siete voi. E la portata di questo gesto è l'amore».

Il Primato di Pietro

Egeria fa riferimento all'epilogo del vangelo di Giovanni: i gradini si possono tuttora osservare sul fianco del piccolo santuario del Primato.

Gli disse per la terza volta: «Simone, figlio di Giovanni, mi vuoi bene? ». Pietro rimase addolorato che per la terza volta gli domandasse: «Mi vuoi bene? », e gli disse: «Signore, tu conosci tutto; tu sai che ti voglio bene». Gli rispose Gesù: «Pasci le mie pecore». (Giovanni 21, 17)

Tabgha era indicata dagli antichi pellegrini come il luogo preferito da Gesù e dai suoi discepoli. Qui si colloca l'episodio evangelico della chiamata di Matteo, anche se oggi nulla resta della via pubblica lungo la quale l'evangelista aveva svolto la sua professione di esattore delle tasse.

Vivo e custodito nei secoli è invece il ricordo della prodigiosa alba che fece da sfondo alla seconda pesca miracolosa, avvenuta dopo la resurrezione.

Allora egli disse loro: «Gettate la rete dalla parte destra della barca e troverete». La gettarono e non potevano più tirarla su per la grande quantità di pesci. Allora quel discepolo che Gesù amava disse a Pietro: «È il Signore!» (Giovanni 21,6-7).

Questo luogo fece da sfondo anche al primato conferito da Gesù a Pietro, nell'incontro con i discepoli attorno al fuoco acceso sulla riva.

Annotava ancora la pellegrina Egeria: «Si possono osservare i gradini sopra i quali il Signore stette».

Su queste sponde un primo edificio, di cui restano tracce di muri con intonaco bianco, fu costruito attorno al IV secolo. Cento anni più tardi, sul medesimo posto venne eretto un nuovo edificio religioso in pietra basaltica, ancora identificabile, che restò in piedi per tutto il Medioevo. Entrambi avevano come punto focale la Roccia Sacra chiamata dai pellegrini col nome di Mensa di Cristo. Essa forma ancora oggi la caratteristica principale dell'umile cappellina moderna.

RICCARDO

Sono partito portandomi dietro tutti i miei dubbi. Non posso dire, oggi, di averli sciolti. Ma c'è un filo rosso ad accompagnarci sempre, tappa dopo tappa. E questo filo è l'amore. Insomma: non so se ho trovato qualcosa, ma so dove cercare.

MONTE TABOR

Una collina di forma conica s'innalza, solitaria e imponente, nella pianura di Esdrelon: è il Monte Tabor (in arabo Gebel at-Tur, "la montagna"), sacro già alle tribù israelite di Zabulon e Issacar. Qui, in uno degli scorci più suggestivi della Galilea, l'antica tradizione attestata già da Origene al principio del III secolo, colloca l'episodio evangelico della Trasfigurazione.

Sulla sommità del Tabor - nell'incanto di una magnifica vista sui colli e sulle valli della Galilea, scenario geografico di molte pagine della Bibbia - si distinguono ancora oggi edifici di tutte le epoche: chiese e monasteri cristiani, ma anche fortezze crociate e saracene.

L'anonimo pellegrino di Piacenza riferisce nel 570 dell'esistenza di tre basiliche bizantine; un secolo dopo Arculfo vi incontra una comunità di monaci, presenza attestata anche da un documento dell'XI secolo che menziona il vescovado del Tabor costituito da quattro chiese. Al tempo della dominazione latina i Benedettini elevano un'abbazia, provvista di beni e rendite dal principe Tancredi e la dotano di una cin-

21

ta fortificata, che però non la proteggerà dalla furia del sultano Al-Malik: questi l'abbattè per edificare un bastione di difesa, la cui Porta del Vento, Bab el-Haua, ancora oggi segna l'accesso alla sommità. I cristiani rientrano in possesso del Monte circa un secolo dopo, costruendo un nuovo santuario, a sua volta distrutto dal sultano Bibars nel 1263. Il Monte resterà incustodito per oltre quattro secoli, fino all'arrivo dei francescani nel 1631. I frati, dalla metà dell'Ottocento, si dedicano allo studio delle rovine del passato e qui, nel 1924, innalzano una Basilica, che ingloba i resti degli edifici anteriori: la chiesa crociata e quella del VI secolo.

Il Vangelo

Sei giorni dopo, Gesù prese con sé Pietro, Giacomo e Giovanni suo fratello e li condusse in disparte, su un alto monte. E fu trasfigurato davanti a loro: il suo volto brillò come il sole e le sue vesti divennero candide come la luce. Ed ecco, apparvero loro Mosè ed Elia, che conversavano con lui. Prendendo la parola, Pietro disse a Gesù: «Signore, è bello per noi essere qui! Se vuoi, farò qui tre capanne, una per te, una per Mosè e una per Elia». Egli stava ancora parlando, quando una nube luminosa li coprì con la sua ombra. Ed ecco una voce dalla nube che diceva: «Questi è il Figlio mio, l'amato: in lui ho posto il mio compiacimento. Ascoltatelo».

(Matteo 17, 1-6)

me. Oggi ho capito che posso pensare alla trasfigurazione come alla possibilità che ha ogni essere umano di cambiare, di migliorare, di elevarsi.

RICCARDO

Tutto quello che stiamo vivendo in questo luogo ha una forza che non so descrivere e per questo abbiamo deciso di montare le nostre tende qui. Come nella proposta di Pietro a Gesù.

FRA BENITO CHOQUE, ofm

«Questo è il Figlio mio, l'amato, ascoltatelo». Ecco il messaggio più bello della trasfigurazione: ascoltare la voce di Dio. Non avrebbe nessun senso venire qui e visitare questo luogo soltanto come luogo turistico. Ascoltare la voce di Dio è un invito a cambiare vita, a scegliere la strada che ci porta a ritrovare veramente il Signore.

Ascoltare vuol dire non soltanto aprire le orecchie, ma aprire il cuore.

Come Francesco d'Assisi dobbiamo chiederci: Signore che cosa vuoi che io faccia? Certamente il Signore ha una risposta per ognuno di noi.

PIETRO

Con ormai il sole alle spalle, le ombre davanti a noi, siamo arrivati in cima. In quel momento l'emozione è stata molto intensa. Ma qui il desiderio di arrivare in fondo alla meta, alla vetta, diventa solo un punto di partenza e quindi un nuovo inizio.

CARLOTTA

La pagina del Vangelo che parla della trasfigurazione è una delle più difficili, all'inizio faticavo proprio a capire: immaginavo i tre apostoli qui sul Monte Tabor con Gesù, però la sentivo come una cosa molto lontana da

MONDO X

Sulla vetta del Monte Tabor ha sede una comunità di Mondo X, l'associazione fondata da padre Eligio Gelmini nel 1961: quassù alcuni giovani, che hanno sofferto momenti di buio e difficoltà, vivono la loro personale trasfigurazione, lavorando sulle proprie storie, sulle proprie vite, riscoprendo se stessi e i valori umani.

NAZARET

Nazaret, "il fiore" - questo il significato del suo nome secondo la tradizione - si estende sui primi contrafforti dei monti della Galilea, una terrazza verde punteggiata di case bianche che guarda alla piana di Esdrelon.

La memoria di alcune tra le pagine più belle del Vangelo affiora spontanea: l'Annunciazione, innanzitutto; il ritorno di Giuseppe, Maria e Gesù dopo la fuga in Egitto; l'infanzia e la giovinezza di Gesù, che qui crebbe e abitò fino all'inizio della vita pubblica; l'insegnamento di Gesù nella sinagoga e la sua espulsione narrata da Luca.

La grande basilica dell'Annunciazione, consacrata nel 1969, è testimone di una lunga serie di edifici religiosi, in particolare cristiani, che ci portano nel tempo sempre più vicini alle epoche primitive.

La grotta dell'Annuncio, situata nella basilica inferiore, ha le pareti e soffitto di roccia. Il soffitto fu probabilmente tagliato a volta nel IV secolo, quando venne eretta una chiesa bi-

Il Vangelo

L'angelo Gabriele fu mandato da Dio in una città della Galilea, chiamata Nazaret, a una vergine, promessa sposa di un uomo della casa di Davide, di nome Giuseppe. La vergine si chiamava Maria. Entrando da lei, disse: «Rallegrati, piena di grazia: il Signore è con te».

A queste parole ella fu molto turbata e si domandava che senso avesse un saluto come questo. L'angelo le disse: «Non temere, Maria, perché hai trovato grazia presso Dio. Ed ecco, concepirai un figlio, lo darai alla luce e lo chiamerai Gesù. Sarà grande e verrà chiamato Figlio dell'Altissimo; il Signore Dio gli darà il trono di Davide suo padre e regnerà per sempre sulla casa di Giacobbe e il suo regno non avrà fine».

Allora Maria disse all'angelo: «Come avverrà questo, poiché non conosco uomo?». Le rispose l'angelo: «Lo Spirito Santo scenderà su di te e la potenza dell'Altissimo ti coprirà con la sua ombra. Perciò colui che nascerà sarà santo e sarà chiamato Figlio di Dio. Ed ecco, Elisabetta, tua parente, nella sua vecchiaia ha concepito anch'essa un figlio e questo è il sesto mese per lei, che era detta sterile: nulla è impossibile a Dio». Allora Maria disse: «Ecco la serva del Signore: avvenga di me secondo la tua parola». E l'angelo si allontanò da lei.

(Luca 1, 26-37)

zantina di cui si vedono l'abside e una parte dei pavimenti a mosaico. L'aula aveva ricoperto un precedente edificio sacro del quale sopravvivono cospicui resti architettonici.

Nel corso dei secoli, in effetti, ogni edificio fu costruito in qualche modo sempre attorno e a fianco della grotta per racchiuderla in un complesso degno di venerazione che i pellegrini definivano semplicemente "la casa di Maria".

All'epoca di Gesù, Nazaret era un villaggio rurale di piccole dimensioni e scarsa importanza. Le case erano costituite da grotte naturali, davanti alle quali venivano aggiunti altri ambienti in muratura.

La grotta si è notevolmente trasformata nel corso dei secoli, ma ancora oggi alcuni elementi antichi ne mostrano l'uso domestico. Visibili sono le tracce dei silos dove si poneva il grano raccolto nei campi e quelle delle vasche in cui si raccoglieva l'acqua. Tracce di decorazioni, affreschi, mosaici, graffiti sugli intonaci delle pareti testimoniano il culto presso la sacra grotta attraverso i secoli.

I mosaici sono conservati in situ, davanti alla grotta stessa. Da notare la croce al centro di una corona: indica la vittoria della croce, un simbolo importante e diffuso all'epoca dell'imperatore Costantino quando il cristianesimo riuscì a vincere la sua battaglia contro il paganesimo dominante nell'impero.

A circa 200 metri dalla Basilica dell'Annunciazione, la chiesa di San Giuseppe o della Nutrizione è stata eretta dai francescani nel 1914 sulle rovine di una precedente chiesa, a sua volta edificata su quella che era ritenuta la casa (e officina) di Giuseppe. Arculfo, pellegrino in Terra Santa nel VII secolo, qui aveva localizzato una chiesa - detta della Nutrizione - edificata sulla casa in cui abitò la Sacra Famiglia. La chiesa di San Giuseppe conserva resti di antiche abitazioni del villaggio: grotte, cisterne, una vasca mosaicata con gradini, forse un fonte battesimale o un antico bagno rituale.

Il Museo della Basilica conserva un umile graffito di immenso valore. Risale al II-III secolo e reca inciso il nome di Maria, accompagnato dall'iscrizione greca XE, abbreviazione del saluto angelico "Kaire", "rallegrati". "Rallegrati, Maria": le prime parole dell'Ave Maria, la più antica invocazione alla Vergine.

FRA ROBERTO QUERO ofm

Voi siete in cammino. Come Maria. Anche Maria era in cammino. Il cammino di Maria era un cammino di attesa. Era il cammino di un popolo che attendeva il Messia, il Salvatore.

Come in un percorso osserviamo il modificarsi dei paesaggi tentando di capire quando ci avvicineremo alla prossima città, alla prossima meta, così Maria guardava i segni dei tempi, i segni della storia. È questo Maria attendeva a Nazaret: aveva riconosciuto nella storia l'arrivo di un Re.

La nostra fede è semplice: non è in un palazzo, non è in uno studio, non è neanche in una dottrina. È in una grotta, in una mangiatoia. Si può portare, si spezza, si fa pane, si fa cammino, si fa compagno... Vi faccio una domanda: cos'ha aspettato l'angelo prima di ripartire? Ha aspettato il sì di Maria. Il senso di Maria, il senso di tutta la Scrittura, il senso della nostra vita è dire sì. Dopo quel sì, l'angelo parte.

SARA

Maria aveva la mia età, la nostra età, anzi era forse più giovane. Si è trovata davanti all'annuncio di un angelo, messaggero delle parole di Dio. Non aveva nessuna certezza, ma non si è posta nessun dubbio, si è totalmente lasciata prendere dal suo cuore.

Nota

Dopo aver conosciuto la Nazaret di ieri, quella di Maria adolescente, i ragazzi hanno incontrato la Nazaret di oggi. E lo hanno fatto ancora attraverso due donne, Emain e Gosayna. Madri. Cristiane. Palestinesi cittadine di Israele.

IL GIORDANO

la Custodia di Terra Santa promuove la tradizionale peregrinazione al Giordano, con la celebrazione eucaristica e l'aspersione con l'acqua del fiume.

Il fiume Giordano nasce dal Monte Hermon, sul confine siro-libanese; in un percorso di 320 km, attraversa Libano, Siria, Giordania, Israele e Palestina, raggiunge il Lago di Tiberiade e sfocia nel Mar Morto.

Fu lungo il Giordano che gli Israeliti toccarono la Terra Promessa ed Elia concluse la sua esperienza terrena. Ed è lungo le sue sponde che Gesù chiede il battesimo e s'immerge nell'acqua, in solidarietà totale con l'umanità ultima.

Meta dei fedeli che qui rinnovavano le promesse battesimali fin dagli albori del Cristianesimo, le sponde del Giordano sono oggi difficilmente accessibili a causa della linea dell'armistizio del 1967 che coincide con il corso d'acqua. Ogni anno, nell'ultimo giovedì di ottobre,

MARIA CLARA

È stato bello confrontarci, ognuno con le proprie opinioni, i propri dubbi. Alla fine ho scelto di entrare in acqua, di rivivere in modo consapevole ciò che ho vissuto quando avevo tre mesi. Questa volta sono io che ho deciso e io ora ho detto: sì, voglio farlo.

Il Vangelo

Gesù dalla Galilea venne al Giordano da Giovanni, per farsi battezzare da lui. Giovanni però voleva impedirglielo, dicendo: «Sono io che ho bisogno di essere battezzato da te, e tu vieni da me?». Ma Gesù gli disse: «Lascia fare per ora, poiché conviene che adempiamo ogni giustizia». Allora egli lo lasciò fare. Appena battezzato, Gesù uscì dall'acqua: ed ecco, si aprirono i cieli ed egli vide lo Spirito di Dio scendere come una colomba e venire su di lui. Ed ecco una voce dal cielo che diceva: «Questi è il Figlio mio, l'amato: in lui ho posto il mio compiacimento».

(Matteo 3, 13-17)

MASADA

Nella Giudea sud-orientale, a circa 400 m di altitudine sul Mar Morto, si erge la rocca di Masada, tra i più importanti siti archeologici del Me-

dio Oriente. Qui - nel deserto roccioso e in un paesaggio dalle suggestioni quasi lunari - Erode il Grande decise di costruire tra il 37 e il 31 a.C. una fortezza destinata ad essere teatro di una delle pagine più crudeli della storia giudaica.

La cittadella era circondata da mura alte cinque metri, dotata di un potente sistema idrico e di enormi magazzini capaci di contenere der-

rate alimentari destinate a circa duemila-tremila persone per un periodo di tre anni.

Conquistata nel 66 da un migliaio di Zeloti che vi portarono anche donne e bambini, Masada diede rifugio agli ultimi rivoltosi che, dopo la presa di Gerusalemme da parte dei Romani nell'anno 70, decisero di difendere strenuamente la propria libertà.

L'assedio ad opera dei Romani della Legio X Fretensis e di altri settemila uomini, in gran parte schiavi, durò oltre due anni.

All'approssimarsi della disfatta, il sacrificio della vita apparve una prospettiva più accettabile della perdita della libertà personale e di culto. Il capo zelota Eleazar Ben Yair indusse la sua gente al suicidio collettivo per spada: gli uomini uccisero le donne e i bambini e poi, a vicenda, si tolsero la vita. I Romani entrarono così in una Masada spettrale, ma non poterono dire di aver conquistato un popolo.

GERICO

In Cisgiordania, nella depressione del Mar Morto, a circa 30 km da Gerusalemme, la cittadina di Gerico è il cuore di una piccola e fertile valle in prossimità del fiume Giordano, circondata dal deserto di Giuda.

Tracce di insediamenti urbani, che studi recenti datano a più di diecimila anni fa, rendono Gerico la più antica città del mondo. E la storia dell'uomo, qui, s'intreccia strettamente con l'Antico e il Nuovo Testamento. In particolare, i Vangeli collocano a Gerico l'incontro di Gesù con Zaccheo; qui Gesù restituisce la vista a Bartimeo; lungo la strada che da Gerusalemme scende in città è ambientata la parabola del buon Samaritano. A nord-ovest dell'abitato, sul Monte Jabal Qarantal, secondo la tradizione Gesù fu tentato dal demonio.

Sulle pendici del monte verso la fine dell'800 è stato eretto il monastero greco-ortodosso della Quarantena (o della Tentazione); il fianco sud del rilievo è punteggiato dalle grotte abitate dai monaci fin dal V secolo.

SARA

Il deserto è qualcosa di arido, di secco. Una metafora di qualcosa che a volte è anche dentro di noi.

PIETRO

Mi ha coinvolto il fatto che noi fossimo in un deserto, ma il deserto non fosse dentro di noi. Proprio perché eravamo insieme, mai soli. E allora ho pensato che quella poca acqua necessaria a far spuntare un fiore nel deserto possono essere proprio le persone che abbiamo accanto.

29

Il Vangelo

Gesù fu condotto dallo Spirito nel deserto, per essere tentato dal diavolo. Dopo aver digiunato quaranta giorni e quaranta notti, alla fine ebbe fame.

Il tentatore gli si avvicinò e gli disse: «Se tu sei Figlio di Dio, di' che queste pietre diventino pane». Ma egli rispose: «Sta scritto: Non di solo pane vivrà l'uomo, ma di ogni parola che esce dalla bocca di Dio».

Allora il diavolo lo portò nella città santa, lo pose sul punto più alto del tempio e gli disse: «Se tu sei Figlio di Dio, gèttati giù; sta scritto infatti: Ai suoi angeli darà ordini a tuo riguardo ed essi ti porteranno sulle loro mani perché il tuo piede non inciampi in una pietra».

Gesù gli rispose: «Sta scritto anche: Non metterai alla prova il Signore Dio tuo».

Di nuovo il diavolo lo portò sopra un monte altissimo e gli mostrò tutti i regni del mondo e la loro gloria e gli disse: «Tutte queste cose io ti darò se, gettandoti ai miei piedi, mi adorerai».

Allora Gesù gli rispose: «Vattene, Satana! Sta scritto infatti: Il Signore, Dio tuo, adorerai: a lui solo renderai culto». Allora il diavolo lo lasciò, ed ecco, degli angeli gli si avvicinarono e lo servivano.

(Matteo 4,1-13)

Nota: Il deserto

L'immagine del deserto è molto frequente nelle Sacre Scritture. Nel silenzio e nella solitudine, il deserto è il luogo dell'ascolto di Dio. «Vieni nel deserto perché voglio parlare al tuo cuore», dice Dio al profeta Osea. Il deserto è luogo di purificazione, un ponte necessario verso la speranza, una via verso la luce. Per il popolo d'Israele il deserto è un cammino di quarant'anni verso la meta promessa. «Aprirò anche nel deserto una strada» (Isaia 43,19). È il luogo della rivelazione. Nel deserto Dio rivela a Mosè il suo nome, le tavole della Legge e la terra per i suoi figli.

Gesù stesso fa esperienza di Dio nel deserto, proprio qui nella regione di Gerico, sospinto da quello stesso Spirito disceso su di lui nel battesimo al Giordano. Nel raccoglimento e nella prova, nell'unione e nell'intimità, il deserto salda l'incontro tra il piccolo e l'Infinito, tra l'uomo e Dio.

Terra Sancta School

A Gerico il gruppo ha incontrato i ragazzi della Terra Sancta School diretta da Fra Feras Hejazin. Ogni anno circa 20.000 studenti si formano in 17 scuole della Custodia di Terra Santa, di ogni ordine e grado, distribuite in Palestina, Israele, Giordania, Libano, Cipro e Argentina.

CVSTODIA
TERRASANTA

BETLEMME

In una terra unica dove camminarono re, profeti, giudici, generazioni del popolo d'Israele, fu la nascita di un Bambino, una notte di duemila anni fa, a cambiare per sempre le sorti dell'umanità, dando compimento alle antiche profezie e inizio ad un nuovo corso della storia.

«E tu, Betlemme di Efrata, così piccola per essere fra i capoluoghi di Giudea, da te uscirà colui che deve essere il dominatore di Israele». (Michea, 5,1)

A circa 10 km da Gerusalemme, Betlemme - dall'ebraico «Beth Lechem», che significa «Casa del Pane» - è per il Nuovo Testamento il luogo natale di Gesù, culla del mistero dell'amore senza tempo.

Molto presto i cristiani della zona venerarono una particolare grotta, indicandola come quella che aveva accolto la nascita del Salvatore. Invano, nel II secolo, l'imperatore romano Adriano tentò di cancellarne il ricordo convertendo il luogo al culto pagano. Nel 325 l'imperatore Costantino e sua madre Elena vi fecero costruire una grande basilica e, sopra la Grotta, un monumentale edificio di forma ottagonale. Duecento anni più tardi, l'imperatore Giustiniano apportò al-

31

Il Vangelo

«Non temete: ecco, vi annuncio una grande gioia, che sarà di tutto il popolo: oggi, nella città di Davide, è nato per voi un Salvatore, che è Cristo Signore. Questo per voi il segno: troverete un bambino avvolto in fasce, adagiato in una mangiatoia». E subito apparve con l'angelo una moltitudine dell'esercito celeste, che lodava Dio e diceva: «Gloria a Dio nel più alto dei cieli e sulla terra pace agli uomini, che egli ama».

(Luca 2, 10-14)

cune modifiche, sostituendo l'ottagono con un più ampio presbiterio trilobato e dando alla basilica la fisionomia che sostanzialmente conserva ancora oggi.

Un'apertura di 120 cm di altezza, la piccola "Porta dell'umiltà" - così bassa da costringere chi entra a chinarsi - segna l'ingresso alla basilica. Fu realizzata in questo modo per evitare che eventuali invasori vi entrassero a cavallo e mantiene un significato simbolico per i moderni visitatori, sollecitati a "farsi piccoli" per andare incontro al mistero più grande, così come fecero i Magi inchinandosi davanti al Bambino. L'aula liturgica a pianta basilicale si compone di cinque navate, separate da quattro serie di colonne monolitiche architravate. Il pavimento costantiniano - in parte ancora visibile attraverso botole di legno - è posto a circa 80 cm più in basso dell'at-

tuale. È realizzato in splendido mosaico policromo composto da piccole tessere a motivi principalmente geometrici, oltre a qualche figura di volatile tra volute di acanto nel settore dell'Ottagono.

Alla grotta venerata si accede attraverso le due scale poste ai lati del coro trilobato.

«Hic de Virgine Maria Iesus Christus natus est». «Qui è nato Gesù Cristo dalla Vergine Maria», ricorda la stella d'argento a 14 punte. La mangiatoia in cui fu adagiato, evidenziata da due colonne, è diventata un altare.

Ogni giorno la Grotta della Natività è meta della processione dei frati francescani, che nel 1347 subentrarono agli agostiniani nell'officiatura della Basilica. La processione parte dall'attigua

Basilica della Natività

chiesa parrocchiale di Santa Caterina, edificata nel 1882 su una precedente chiesa medievale di cui conserva ancora lo splendido portico.

Sotto la conca absidale centrale, dietro la Grotta della Natività, si trova un particolare ambiente di epoca bizantina ricoperto sulle pareti da antichi graffiti devozionali. Al centro è collocata una vasca, con annesso canale fittile che la riforniva di acqua, legata ad una immagine ricorrente dell'iconografia orientale del Natale: la levatrice Maria Salomé che fa il bagno al Bambino appena nato. Arculfo, pellegrino in Terra Santa nel VII secolo, racconta di come i fedeli vi si immergessero con devozione.

A circa 300 metri dalla Basilica è invece il piccolo santuario della Grotta del Latte. Scavata nel tufo bianco, la grotta è molto venerata dalla popolazione locale, non solo cristiana.

A circa 3 km dal centro di Betlemme, nella località di Siyar el-Ghanam, nei pressi del villaggio di Beit-Sahur, la tradizione cristiana - confortata dalla campagna di scavi di Padre Corbo, agli inizi degli anni Cinquanta - colloca il Campo dei Pastori.

Il moderno santuario del Gloria in Excelsis - edificato su un roccione che domina i resti di un santuario del IV-V secolo ed un paesaggio di campi coltivati a frumento, radi ulivi secolari e mandorli - riporta nel tamburo della cupola il millenario canto delle schiere celesti:

"Gloria a Dio nel più alto dei cieli e pace in terra agli uomini che egli ama" (Luca 2, 14)

Chiesa di Santa Caterina

FRA JERZY KRAJ, OFM

La Terra Santa non può cambiare totalmente la nostra esistenza, ma può offrirci degli spunti, dei valori che possono cambiare il nostro modo di affrontare la quotidianità. Qual è allora il messaggio di Betlemme? La richiesta di accogliere Gesù. Che come è nato nella Grotta di Betlemme, dovrebbe nascere nel cuore dell'uomo. Gesù nasce per noi quando lo accogliamo soprattutto nell'Eucarestia: Betlemme è la «città del pane» e il pane è Eucarestia. I pastori sono venuti per incontrare Dio presente , Dio che si incarna, poi sono tornati con gioia alla loro quotidiana vita. Siate come loro e offrite agli altri questa esperienza.

SUOR MARIA, Ordine della Carità, Orfanotrofio La Crèche

Qui il Vangelo della Natività si ripete tutti i giorni: è sempre Natale. I piccoli Gesù di Betlemme sono privati dei loro diritti più necessari, di ogni diritto umano e tra questi penso anche al bacio o una carezza di una mamma e di un papà.

33

Il muro, a Betlemme

Il muro - o barriera di separazione - fu innalzato dallo Stato di Israele all'inizio della seconda Intifada (termine arabo che si può tradurre con "intervento", "sussulto" e assume il significato di rivolta o sollevazione popolare) con la motivazione ufficiale di impedire ai terroristi palestinesi di entrare nel territorio nazionale. Lungo circa 700 km, nei punti di confine tra gli agglomerati di Betlemme e Gerusalemme diventa alto anche 8 metri, con ripercussioni estremamente dure sulla vita della popolazione palestinese locale.

MAHER ASSAF, autorità religiosa musulmana

Se vogliamo salutare un amico nell'Islam diciamo salam, pace.

La pace è un bisogno primario come il cibo. Se non c'è pace, senti che la tua vita è in pericolo, hai paura, non c'è vita, non c'è educazione, non c'è buona salute. Troppi bambini hanno perso la vita in questa terra, non solo musulmani, ma anche cristiani, anche ebrei: io li sento tutti come miei figli. Non abbiamo bisogno di pace solo per noi, ma per Israele, per il mondo.

Aida, campo profughi

Alla costituzione dello Stato d'Israele (1948), oltre 900.000 palestinesi si ritrovarono senza casa, senza lavoro, senza terra. Nel corso degli anni, per accoglierli, sorsero numerosi campi-profughi. Nel campo-profughi di Aida (in arabo *tornare a casa*), alla periferia di Betlemme, vivono tutt'oggi oltre 5.000 persone su una superficie di 2 kmq.

PIETRO

Il coraggio e l'energia di queste suore sono contagiosi. Si avverte in loro non solo lo slancio che deriva da una scelta spirituale, ma anche una forza d'animo intima, legata al loro essere donne prima ancora che religiose.

RICCARDO

Il muro - il Muro di Betlemme, come una volta il Muro di Berlino e più in generale qualsiasi muro - è un simbolo di cui l'umanità dovrebbe fare a meno. Il Muro è qualcosa che divide e dividere di esseri umani è to-

gliere una parte di vita all'umanità intera.

MARIA CLARA

Incontrando i ragazzi del campo profughi e i bambini dell'orfanatrofio, mi hanno colpito le risate, i giochi, la gioia di stare insieme. Hanno poco, ma sono contenti di quello che hanno. In un certo senso, mi sono ritrovata ad invidiarli. Noi, crescendo in una realtà consumistica, raramente riusciamo ad essere felici di ciò che abbiamo e sempre vorremmo di più

GERUSALEMME

Quale gioia, quando mi dissero:
«Andremo alla casa del Signore»
Già sono fermi i nostri piedi
alle tue porte, Gerusalemme!
(Salmo 122, 1-24)

Gerusalemme - in ebraico Yerushalàyim, "Fondazione di Shalem"; in arabo Al-Quds, "La Santa" - si distende con l'ocra e il bianco oro dei suoi edifici sull'altopiano tra il Mar Mediterraneo e il Mar Morto, in uno spazio-tempo unico, privilegiato dall'intervento di Dio.

La Città Vecchia - con il suo eccezionale retaggio di testimonianze dall'Antico e Nuovo Testamento - è quasi interamente raccolta all'interno delle mura e disposta su due colli: quello occidentale, distinto in Monte Sion a Sud e Gareb a Nord, isolato a Ovest e a Sud dalla valle biblica della Gehenna, oggi Wadi ar-Rababi, e quello orientale, distinto da tre alture - Bezethá, Moria e Ofel - isolato a Est dalla valle del Cedron che lo separa dal Monte degli Ulivi.

Senso d'identità e orgoglio per le proprie radici si raccontano e si tramandano nei volti, negli accenti, negli incontri per le strade tortuose e strette, nei suq e nelle scuole, nell'intrigo di moschee, sinagoghe e basiliche cristiane, nelle tipicità dei quartieri: cristiano a nord-ovest, armeno a sud-ovest, musulmano a nord-est, ebraico sui pendii dell'antica valle del Tyropeon.

Quante Gerusalemme in una sola Gerusalemme:
votata alla nascita al dio gebuseo Shalem di cui prende il nome,
Gerusalemme ebrea del Re David e del Tempio di Salomone,
Gerusalemme babilonese, ellenistica, asmonea,
Gerusalemme romana e di Erode,
Gerusalemme di Cristo, irradiazione di un tempo nuovo,
Gerusalemme bizantina,
Gerusalemme musulmana,
Gerusalemme delle Crociate,
Gerusalemme di Saladino,
Gerusalemme degli arabi,
Gerusalemme della diaspora e del ritorno,
Gerusalemme contesa dalle fedi monoteistiche,
Gerusalemme del dialogo interreligioso ed ecumenico,
e di un nuovo ideale di pace.

PIETRO

Essere qui a Gerusalemme è un grandissimo privilegio. È una città che d'impatto confonde: impossibile sfuggire alla sua complessità. Basta camminare lungo le sue strade per cogliere migliaia di sfumature diverse. Viviamo nel cuore della Città Vecchia. Dalla terrazza abbracciamo con lo sguardo tutta la città e le sue contraddizioni. Sembra di sentire, quasi fisicamente, l'eco di tanta storia. E tutto coinvolgente, è tutto forte, è tutto grande. E in questo senso Gerusalemme è un po' lo specchio di come noi in cammino abbiamo vissuto questo viaggio dentro noi stessi e fuori, in mezzo al mondo.

IL CENACOLO

Sulla collina occidentale di Gerusalemme, il Cenacolo è - secondo l'antica tradizione cristiana - il luogo legato ad alcuni dei più importanti avvenimenti della vita di Gesù e della Chiesa delle origini. Qui Gesù, insieme agli apostoli, celebrò la cena pasquale istituendo l'Eucarestia.

Gli chiesero: «Dove vuoi che prepariamo?». Ed egli rispose loro: «Appena entrati in città, vi verrà incontro un uomo che porta una brocca d'acqua. Seguitelo nella casa in cui entrerà. Direte al padrone di casa: «Il Maestro ti dice: Dov'è la stanza in cui posso mangiare la Pasqua con i miei discepoli?». Egli vi mostrerà al piano superiore una sala, grande ed arredata; lì preparate». (Luca 22, 9-12)

Qui gli apostoli si rifugiarono nei giorni della Passione; qui il Risorto si manifestò a loro più volte; qui l'incredulità di Tommaso fu vinta dalla verità del Cristo Risorto; qui lo Spirito Santo, investendo gli apostoli nel giorno di Pentecoste, li rese coraggiosi testimoni.

«Mentre stava compiendosi il giorno di Pentecoste, si trovavano tutti insieme nello stesso luogo. Venne all'improvviso dal cielo un fragore, quasi un vento che si abbatte impetuoso, e riempì tutta la casa dove stavano. Apparvero loro lingue come di fuoco, che si dividevano e si posarono su ciascuno di loro, e tutti furono colmati di Spirito Santo». (Atti 2,1-4)

Questa fu la prima chiesa - la piccola chiesa di Dio e madre di tutte le chiese - nella quale la prima comunità di Gerusalemme si radunava regolarmente nella preghiera comune.

Nel IV secolo i cristiani vollero edificare in questo luogo una grandiosa basilica che fu chiamata Santa Sion. Gravemente danneggiata prima dai persiani e poi dai musulmani, venne riportata allo splendore precedente dai crociati. La navata settentrionale fu dedicata alla memoria della Dormizione di Maria Santissima; dalla navata meridionale si poteva salire alla sala superiore e da questa scendere alla cappella inferiore, dove si faceva memoria della lavanda dei piedi e delle apparizioni del Risorto.

La conquista di Gerusalemme ad opera di Saladino nel 1187 segnò il destino della basilica che andò progressivamente in rovina. A salvarla dal completo sfacelo, fu l'intervento dei sovrani di Napoli: il re Roberto e la regina Sancia. A seguito di lunghe e difficoltose trattative, ottennero dal sultano d'Egitto il riconoscimento legale della presenza dei frati minori e del possesso del Cenacolo, dove due anni più tardi, nel 1335, fu costruito un convento francescano. Questa fu la prima sede del Superiore della Custodia di Terra Santa, che ebbe anche il titolo di guardiano del Santo Monte Sion.

Nel XVI secolo, dopo aver affrontato varie difficoltà, i francescani furono costretti ad abbandonare il luogo sacro che cadde in mano musulmana. La sala superiore fu convertita in una

L'edificio del Cenacolo e le diverse parti che lo compongono

1.   Tomba di Davide.
      Antica sinagoga giudeo-cristiana (periodo romano)
2-3. Santo Cenacolo (periodo crociato)
4a. Sala dello Spirito Santo (periodo bizantino)
4b. Sala dello Spirito Santo (periodo turco)

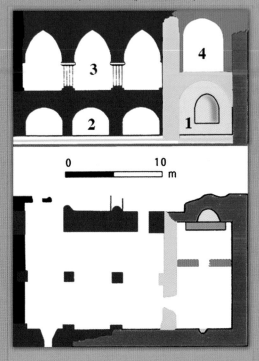

moschea dedicata al Profeta Davide e ai cristiani ne fu interdetto l'accesso. Solo alla fine dell'Ottocento il Cenacolo venne parzialmente riaperto alle visite dei pellegrini. Oggi è retto dall'Autorità israeliana.

Le mura spoglie della sala superiore in elegante stile gotico - sobriamente divisa da una fila di tre colonne - racchiudono la memoria inestimabile dell'Ultima Cena. Sulla parete orientale, una scala di otto gradini porta alla cappella che ricorda la discesa dello Spirito Santo sugli apostoli nel giorno di Pentecoste e la nascita della Chiesa. Nell'angolo opposto, un'al-

Cenacolino

SARA

Il gesto dell'Eucarestia è fondamentalmente un gesto semplice, un gesto comune, un gesto quotidiano che mi dà l'idea della condivisione a tavola: scambiarsi, dividere questo pezzo di

pane, bere dallo stesso calice. È un esempio di forte condivisione che tutti sperimentiamo nella quotidianità a pranzo, a cena con la famiglia o con gli amici.

Il Muro Occidentale

tra scala conduce alla sala inferiore consacrata ai ricordi della lavanda dei piedi e delle apparizioni del Risorto.

I pellegrini possono prendere parte all'Eucarestia presso l'attiguo conventino dei frati minori, nella chiesa detta familiarmente Cenacolino.

Osservare le murature dell'edificio dal chiostro francescano è come leggere nella pietra duemila anni di storia. La parte bassa è costituita da ricorsi di antichi massi ben squadrati, lavorati alla maniera consueta del I secolo, sormontati da murature tipiche del periodo bizantino. La parte alta, dove si aprono le finestre a sesto acuto della ristrutturazione crociata, corrisponde alla sala superiore, nei secoli magnificata dai pellegrini per il suo essere alla fonte e al culmine del mistero di Cristo e della Chiesa.

È il luogo più sacro dell'ebraismo, ciò che resta dell'antico muro di contenimento del Secondo Tempio: qui gli Ebrei pregavano, portavano offerte, compivano sacrifici. Il Tempio fu distrutto dai Romani nel 70 d.C. Ancora oggi, Ebrei di tutto il mondo convergono in questo luogo per pregare, celebrare cerimonie, depositare bigliettini con le proprie invocazioni tra le fessure della roccia.

GETSEMANI BASILICA DELL'AGONIA

Appena oltre la porta orientale di Gerusalemme, attraversato il Cedron e alle prime falde del Monte degli Ulivi, si trovava un orto recintato da un muro a secco, forse di proprietà di uno dei discepoli. All'interno un frantoio dava il nome al podere stesso (Gat=pressoio, shemanìm=oli).

Qui, presso una grotta adibita ad usi agricoli, Gesù usava ritirarsi nel suo ultimo soggiorno a Gerusalemme. Qui, tra l'incomprensione dei discepoli, trascorse quell'ultima tragica notte prima della condanna.

La frequentazione da parte delle primissime generazioni di seguaci di Gesù contribuì a fissare la memoria del luogo dove successivamente fu eretto un edifico sacro menzionato da Egeria nel suo diario di viaggio. Oggi il pellegrino può raccogliersi in preghiera nella Chiesa delle Nazioni edificata negli anni Venti. Il mosaico sul timpano rappresenta Cristo nell'atto di offrire al Padre le sofferenze sue e dell'umanità. All'interno sei colonne sostengono dodici vele uniformi. La luce che filtra dalle finestre di

Il Vangelo

Allora Gesù andò con loro in un podere chiamato Getsèmani, e disse ai discepoli: «Sedetevi qui, mentre io vado là a pregare». E, presi con sé Pietro e i due figli di Zebedèo, cominciò a provare tristezza e angoscia. Disse loro: «La mia anima è triste fino alla morte; restate qui e vegliate con me». Andò un poco più avanti, cadde faccia a terra e pregava, dicendo: «Padre mio, se è possibile, passi via da me questo calice! Però non come voglio io, ma come vuoi tu!».

(Matteo 26, 36-39)

alabastro, nei toni del blu, del lilla, del violetto rimanda alle angosciose ore dell'Agonia predisponendo al silenzio, al raccoglimento, alla meditazione.

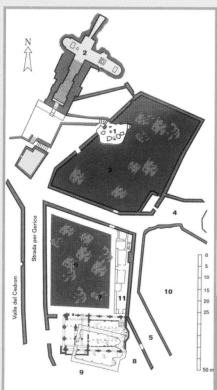

La roccia è una presenza costante: in parte inglobata nella basilica, in parte presente più a sud sulle mura e al di fuori della nuova basilica.

Un giardino di olivi costituì probabilmente fin dal principio parte dei complessi ecclesiastici sorti nel luogo dell'Agonia. In epoca medievale i proprietari musulmani suddivisero l'area in diversi lotti allo scopo di trarre maggior profitto dalle visite dei fedeli cristiani. Nel 1666 i francescani acquistarono "il campo dei fiori" o "giardino fiorito", come allora il sito era denominato. Oggi un percorso guidato consente ai pellegrini di camminare tra otto olivi secolari, che lasciano immaginare come si presentava il luogo al tempo di Gesù.

Poi si avvicinò ai discepoli e disse loro: «Dormite pure e riposatevi! Ecco, l'ora è vicina e il Figlio dell'uomo viene consegnato in mano ai peccatori. Alzatevi, andiamo! Ecco, colui che mi tradisce si avvicina». (Matteo 26, 45-46)

Nella drammatica notte di passione Gesù raggiunse con Pietro, Giacomo e Giovanni gli altri apostoli nella grotta dove li aveva lasciati. E

Getsemani

1. Grotta. 2. Tomba della Vergine. 3. Parco di raccoglimento. 4. Al Monte degli Ulivi. 5. Al Dominus Flevit e al Monte Oliveto. 6. Orto degli Olivi. 7. Olivo di Paolo VI. 8. Eremitaggio. 9. Basilica dell'Agonia. 10. Convento francescano. 11. Monastero.

da qui, nella visione angosciante della prossima fine, mosse incontro a Giuda che lo vendette con un bacio, mentre la schiera dei soldati del Sinedrio lo circondava.

La grotta del Getsemani misura circa 19 metri per 10. Numerosi graffiti in varie lingue e di varie epoche, lasciati dai pellegrini negli intonaci inferiori sulle pareti e sul soffitto, testimoniano un culto pressoché ininterrotto. A seguito di un restauro reso necessario dall'alluvione del 1955,

padre Virgilio Corbo ebbe l'opportunità di studiare la grotta, riportandone alla luce la struttura primitiva dell'epoca di Gesù, con l'ingresso che si apriva a nord, i resti del frantoio e della cisterna che raccoglieva le acque che scendevano dal tetto.

Un restauro più recente contribuisce a leggere lo sviluppo dei raffinati affreschi con cui i Crociati, nel XII secolo, vollero abbellire la grotta, custodita dai francescani sin dal 1392.

DARIA SEVERGNINI, consacrata, volontaria presso il Romitaggio del Getsemani

Gesù, il Messia, è venuto per portare la salvezza a Israele, ma viene rifiutato, viene abbandonato da coloro che gli sono più vicini, i suoi discepoli: uno lo tradisce, uno lo tradirà. Verrà giudicato, verrà condannato. Gesù qui è un fallito: deve umanamente lottare. Ma in questa lotta da vero uomo, Gesù comprende la volontà del Padre, Gesù ama il Padre. E si rialza, dopo aver sudato sangue, per fare la volontà del Padre. Oramai ha già detto il suo amen al Padre. Ha già vinto la morte. Ha vinto il peccato. Dà a noi la dignità. Si consegna in piedi.

CARLOTTA

Il silenzio a volte mi mette a disagio, forse perché in casa siamo tanti, c'è sempre un gran viavai. Però fermarsi un istante, soffermarsi su quello che stiamo vivendo e stiamo provando può aiutarci a comprenderci meglio. Ed è bello aver avuto la possibilità di sperimentarlo in questo viaggio.

RICCARDO

Fuori, di fronte a noi, oltre quelle mura, c'è una città che si muove, che vibra incessantemente, che non si ferma mai. Qui, tra gli ulivi, leggiamo pagine del Vangelo intense, forti. Difficili da commentare. E allora accolgo l'invito al silenzio, al raccoglimento. Mi lascio contagiare dalla pace di questo luogo.

DOMINUS FLEVIT e altre memorie cristiane

Quando fu vicino, alla vista della città pianse su di essa dicendo: «Se avessi compreso anche tu, in questo giorno, quello che porta alla pace! Ma ora è stato nascosto ai tuoi occhi. Per te verranno giorni in cui i tuoi nemici ti circonderanno di trincee, ti assedieranno e ti stringeranno da ogni parte; distruggeranno te e i tuoi figli dentro di te e non lasceranno in te pietra su pietra, perché non hai riconosciuto il tempo in cui sei stata visitata». (Luca 19, 41-44)

Dall'alto del Monte degli Ulivi, prima di iniziare la discesa verso Gerusalemme, Gesù pianse sulla sorte della città.

Nel luogo in cui la tradizione colloca l'episodio evangelico, gli scavi archeologici condotti da P. Bellarmino Bagatti tra il 1953 e il 1955 portarono al ritrovamento di una necropoli romana e bizantina con circa 40 tombe in camere di diverso tipo con numerosi ossuari databili al I-II secolo. I segni e le scritte tracciate o graffite sugli ossuari sono un'importantissima testimonianza della comunità giudeo-cristiana di Gerusalemme.

Poco distante, fu rinvenuta una tomba risalente all'età del Bronzo Recente, tra il 1550 e il 1200 a.C., con vasi e suppellettili di provenienza diversa - cipriota, micenea, greca - armi e scarabei, tra cui uno recante il sigillo del faraone egiziano Tutmosis III.

Nella stessa area vennero alla luce una cappella bizantina, attigua ad un monastero, e un oratorio dedicato alla profetessa Sant'Anna, con cospicui resti di un ricco pavimento musivo a decorazione floreale che padre Bagatti datò al VII secolo. Ancora visibili sono l'abside con la mensa e la recinzione presbiterale, il cortile, una pressa mosaicata per il vino e due cisterne, ancora in uso.

Su questi resti, la Custodia di Terra Santa elevò nel 1954 la moderna cappella del Dominus Flevit. Quattro bassorilievi riportano alla memoria l'afflitto lamento di Gesù e il suo amaro richiamo alla città, che si rivela - in una eccezionale veduta - attraverso la grande arcata a vetro dietro l'altare.

Edicola dell'Ascensione

L'Imbomon, cioè la cima del Monte degli Ulivi con i suoi 808 metri di altezza, è consacrata dalle tradizioni cristiana e musulmana alla memoria dell'Ascensione di Cristo al Cielo dopo la sua Risurrezione.

Un mirabile edificio a pianta centrale, annesso ad un più ampio complesso che si sviluppava su piani differenti, fu eretto dall'imperatore Costantino e da sua madre Elena sulla roccia in cui Gesù, staccandosi da terra, avrebbe lasciato l'impronta del suo piede.

Scavi archeologici condotti da padre Virgilio Corbo hanno messo in evidenza i resti di quello che doveva essere l'antico santuario di forma circolare, probabilmente un mausoleo abbastanza monumentale, a ricordo dell'evento evangelico.

Il recinto e l'edicola ottagonali sono di origine crociata. Nel XII secolo presero il posto del mausoleo antico presso cui, nel frattempo, erano sorti anche i monasteri fortificati, maschile e femminile, fondati da santa Melania la giovane. Nella concezione dell'architetto crociato l'edicola ad archetti sostenuti da snelle colonnette capitellate era logicamente aperta verso il cielo; ma quando il luogo passò sotto la proprietà musulmana, che lì vi eresse l'attigua moschea, essa venne coperta da una cupola. Nella sobria semplicità del luogo è bello riascoltare qui le ultime parole di Gesù ricordate dal Vangelo: «Ed ecco, io sono con voi tutti i giorni, fino alla fine del mondo». (Matteo 28,20)

Il Vangelo

Fu elevato in alto sotto i loro occhi e una nube lo sottrasse ai loro occhi. Essi stavano fissando il cielo mentre egli se ne andava, quand'ecco due uomini in bianche vesti si presentarono a loro e dissero: «Uomini di Galilea, perché state a guardare il cielo? Questo Gesù, che è stato di tra voi assunto in cielo, verrà allo stesso modo in cui l'avete visto andare in cielo». (Atti 1,9-11)

Tomba di Maria

Il racconto della morte di Maria e della sua assunzione in cielo è molto antico: risale al I secolo ed è noto grazie alla letteratura apocrifa. Nel II secolo il luogo della sepoltura della Vergine, ai piedi del Monte degli Ulivi, era già oggetto di venerazione e meta di pellegrinaggi.

Dal vescovo Giovanale (450) abbiamo notizia che nella Valle di Giosafat, sopra il sepolcro tagliato nella roccia ove era stata deposta la Vergine Maria, vi era un oratorio.

Nel V secolo, quando la Terra Santa passò nelle mani dei cristiani di ceppo gentile, questi, come fecero per la Tomba di Gesù, la isolarono dalla roccia e dalle tombe circostanti. L'imperatore Maurizio (585-602), conservando il primitivo luogo di culto come cripta, fece edificare una chiesa, distrutta dai persiani nell'XI secolo e ricostruita dai crociati.

La tomba era rivestita di lastre di marmo e si presentava come un'edicola isolata da tutto il resto, inquadrata da 20 colonnine e coronata da un ciborio dorato. All'interno, nella volta, era dipinta l'Assunzione di Maria e la chiesa ebbe il titolo di Nostra Signora di Giosafat. Sul fianco era stata costruita un'abbazia benedettina, i cui resti furono casualmente scoperti nel 1973 a fianco della chiesa. Dopo la vittoria di Saladino (1187) la chiesa superiore e l'abbazia furono distrutte e parte del materiale usato per la ricostruzione di Gerusalemme. La cripta e la scala d'accesso furono conservate, ma fu cancellato ogni segno della destinazione del luogo, custodito dai saraceni. Nel 1363 i francescani ottennero dal Sultano d'Egitto il possesso, molto contrastato, dell'Edicola e della Tomba.

Chiesa del Pater Noster

Un'altra mistica grotta, chiamata "dell'insegnamento di Gesù agli apostoli", divenne il fulcro della basilica a tre navate che qui fu costruita nel IV secolo per volere di Costantino. Essa era architettonicamente connessa con la rotonda dell'Ascensione. La pellegrina Egeria riferiva della grande basilica con cripta nel mezzo, che complessivamente si estendeva per 70 metri, col nome di Eleona, dal termine greco che indicava l'uliveto sul luogo.

Nella grotta si colloca l'insegnamento della preghiera filiale con cui Gesù - molto probabilmente in aramaico - invitava i discepoli a rivolgersi al Padre suo e Padre nostro.

«Voi dunque pregate così:
Padre nostro che sei nei cieli,
sia santificato il tuo nome
venga il tuo regno,
sia fatta la tua volontà,
come in cielo così in terra.
Dacci oggi il nostro pane quotidiano
e rimetti a noi i nostri debiti
come anche noi li rimettiamo ai nostri debitori,
e non abbandonarci alla tentazione
ma liberaci dal male». (Matteo 9, 11-13)

CARLOTTA

È davvero un privilegio essere qui, in questa terra dove tutto è accaduto, dove le parole delle preghiere che ripetiamo fin da piccoli sono state pronunciate per la prima volta, dove ha camminato Gesù, dove si sono svolti quei fatti della sua vita che siamo abituati a leggere o ad ascoltare da sempre. È come vedere tutto in una luce nuova. Tanta luce. A volte quasi ci disorienta. Però poi finalmente la consapevolezza pian pianino prende il posto dell'abitudine.

VIA DOLOROSA

Cappella della Flagellazione

La Cappella della Flagellazione ricorda il luogo in cui, secondo la tradizione medievale, avvenne la flagellazione di Cristo. Qui nel XII secolo i Crociati edificarono un santuario che, caduto in mano musulmana, fu ridotto a stalla e poi trasformato in tessitoria. La Custodia di Terra Santa lo recuperò nel 1838 con una donazione del duca Massimiliano di Baviera, lo restaurò e lo riaprì al culto. Nel 1929 la Cappella fu magnificamente rinnovata dall'architetto Barluzzi.

Il Vangelo

Allora Pilato fece prendere Gesù e lo fece flagellare. E i soldati, intrecciata una corona di spine, gliela posero sul capo e gli misero addosso un mantello di porpora. Poi gli si avvicinavano e dicevano: «Salve, re dei Giudei». (Giovanni 19, 1-3)

Santuario della Condanna

Il santuario della Condanna fu ricostruito nel 1904 da fra Wendelin Hinterkeuser sulle rovine di una chiesa di epoca bizantina. Su talune lastre dell'antichissimo pavimento sono visibili alcune caselle di giochi che - benché posteriori di molto al regno di Erode - per la tradizione locale rimandano al passatempo con cui s'intrattenevano i soldati romani al tempo di Cristo.

All'esterno, un banco di pietra della lunghezza di un metro circa, segna l'inizio del cosiddetto "Lithostrotos" ("lastricato con pietra"), dove secondo il Vangelo Pilato condannò a morte Gesù e lo fece caricare della Croce.

Studium Biblicum Franciscanum

Presso il convento dei frati minori, detto della Flagellazione, opera dal 1924 lo Studium Biblicum Franciscanum, un'istituzione scientifica per la ricerca e l'insegnamento accademico della Sacra Scrittura e dell'archeologia dei paesi biblici. Ideato dalla Custodia francescana di Terra Santa nel 1901, fa parte della Pontificia Universitas Antonianum di Roma. Nel 2001 è diventato Facoltà di Scienze bibliche e Archeologia.

Il Vangelo

Pilato fece condurre fuori Gesù e sedette in tribunale, nel luogo chiamato Litòstroto, in ebraico Gabbatà. Era la Parasceve della Pasqua, verso mezzogiorno. Pilato disse ai Giudei: «Ecco il vostro re!». Ma quelli gridarono: «Via! Via! Crocifiggilo!». Disse loro Pilato: «Metterò in croce il vostro re?». Risposero i capi dei sacerdoti: «Non abbiamo altro re che Cesare». Allora lo consegnò loro perché fosse crocifisso. *(Giovanni 19, 13-16)*

Via Crucis

L'antichissima Via Crucis - il cammino della Croce - è la rievocazione del percorso di Gesù condannato a morte verso il Monte Calvario: da quando Egli e i suoi discepoli, «*dopo aver cantato l'inno, uscirono verso il Monte degli Ulivi* » (Marco 14, 26), fino a quando Cristo fu condotto al «*luogo del Golgota*» (Marco 15, 26), crocifisso e sepolto.

Nel V secolo Egeria descrive il pellegrinaggio che nella notte del giovedì santo i cristiani locali compivano dal Monte degli Ulivi al Santo Sepolcro. Certamente la liturgia ricevette un grande impulso all'epoca delle crociate e fra Ricoldo da Monte Croce alla fine del 1200 riferisce di un itinerario molto simile alla Via Crucis attuale.

Nei secoli successivi furono i francescani, custodi dei luoghi santi, a diffonderne la pratica che divenne con il tempo un rito caratteristico del Venerdì santo e in generale della quaresima.

Il percorso doloroso di Gesù verso il Golgota viene meditato in 14 "stazioni": nove corrispondono a episodi narrati dai Vangeli; cinque ad episodi derivati dalla tradizione. Unite da canti e meditazioni, le stazioni sono indicate da piccole cappelle; le ultime cinque trovano logica ubicazione all'interno della basilica del Santo Sepolcro.

Lungo il cammino, nella zona della Fortezza Antonia, si apre l'arco detto dell' "Ecce Homo",

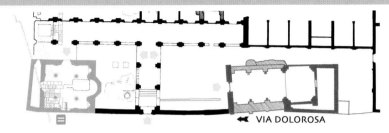

■ Santuario della Flagellazione (arch. A. Barluzzi, 1929)
■ Santuario della Condanna (arch. Fra Wendelin Hinterkeuser, 1904)
■ Litòstroto — lastricato romano
■ Struthion — antica cisterna
■ Imposizione della croce - La seconda stazione della Via Crucis viene indicata sulla parete esterna della Condanna; la prima stazione è localizzata nel cortile della scuola musulmana «el-'Omariyya» davanti al convento francescano.

in parte annesso al Monastero delle Sorelle di Sion nella seconda metà dell'Ottocento. Sebbene gli studiosi ritengano che l'arco sia stato eretto soltanto dopo l'anno 135 - quando Gerusalemme divenne la colonia Aelia Capitolina, dal nome dell'imperatore romano Aelio Adriano - la tradizione locale lo indica come la porta del Pretorio da cui Ponzio Pilato avrebbe mostrato alla folla Gesù incoronato di spine, esclamando: «Ecco l'Uomo!».
L'arco di Adriano è costituito da tre fornici: una porzione di quello centrale sormonta la strada, quello minore di sud è nascosto da costruzioni recenti, mentre quello di nord fu inglobato nell'attigua basilica che dal 1902 porta il nome di "Ecce Homo".

Ogni venerdì, alle 15, i frati della Custodia di Terra Santa guidano la folla dei fedeli lungo il tortuoso tracciato della Via Dolorosa, nel cuore della vecchia Gerusalemme partendo dalla scuola musulmana di fronte al convento della Flagellazione.

Nelle vicinanze della chiesa di S. Maria dello Spasimo, una cappella francescana commemora il luogo in cui Simone di Cirene, un uomo qualunque, forse straniero, forse sulla via di casa al termine di una giornata di duro lavoro, viene costretto controvoglia dai soldati a farsi carico della croce, dividendone il peso con Gesù. Oltre ancora, la Via Dolorosa si fa più dura,

la salita ripida. Una piccola cappella francescana segna il luogo in cui si commemora la seconda caduta di Gesù sotto il peso della croce.
L'esperienza di fede e di preghiera tra i luoghi testimoni degli ultimi giorni della vita terrena di Gesù di Nazaret è uno dei momenti più alti del pellegrinaggio in Terra Santa.

SARA

Sentire il canto del muezzin mixato alle nostre preghiere e alle invocazioni, percorrendo le stradine della Città Vecchia durante la Via Crucis, mi ha colpita molto. Sperimentare la convivenza così ravvicinata di diverse religioni, una vicinanza che è al tempo stesso separazione, è un'esperienza forte. È una sorta di confusione ordinata: perché ognuno vive nel suo spazio con il suo credo, ma tutti sono così fisicamente, intimamente vicini...

PIETRO

Nel percorso verso il Santo Sepolcro, una confusione assoluta: qualsiasi tipo di immagine, qualsiasi tipo di preghiera, di lingua, di suono, di pensiero. Per capire che, alla fine, tutti ci volgiamo verso una direzione unica.

SANTO SEPOLCRO

Il Vangelo

«Non abbiate paura, voi! So che cercate Gesù, il crocifisso. Non è qui. È risorto, infatti, come aveva detto, venite a vedere il luogo dove era deposto». (Matteo 28, 5-6)

Il luogo più sacro della cristianità. Il luogo verso cui - ancor prima di partire - convergevano i nostri passi, l'alfa e l'omega del pellegrinaggio esistenziale di ogni credente. La fede nella risurrezione di Cristo che nutre il nostro cammino, talora vacillante, qui rinvigorisce e trova nuovo slancio.

La Gerusalemme dell'epoca di Gesù era una città asserragliata nelle proprie mura. Appena fuori, il colle del Golgota, ai piedi del quale si estendeva una cava di pietre, era abituale sede di esecuzioni capitali.

49

Nel 135 la rifondazione della città ad opera di Adriano modificò la situazione topografica. L'abitato fu spostato verso nord, il sito venne a trovarsi al centro della nuova Aelia Capitolina e fu sottratto alla venerazione dei cristiani, ricoperto da un terrapieno e convertito al culto pagano della dea Venere.

Scrive Eusebio di Cesarea: «Vi avevano scaricato della terra portata da fuori e coperto tutto il luogo; lo avevano poi rialzato e pavimentato con pietre nascondendo così la divina Grotta sotto quel grande terrapieno».

L'occultamento al di sotto del tempio romano contribuì a preservare i sacri luoghi - comunque rimasti noti ai cristiani - fino al IV secolo, quando Costantino ordinò la demolizione degli edifici pagani e lo scavo del terrapieno. Continua Eusebio: «E, allora, contro ogni speranza, apparve... il venerabile e santissimo testimonio della resurrezione salvifica». Da allora la tomba ritrovata rimase sempre in venerazione e fino alla distruzione (1009) la si poté osservare completamente scavata nella roccia, essendo rivestita di marmi solo all'esterno (Arculfo, VII sec.).

Lo stesso imperatore si fece carico di costruire il magnifico e celebre complesso di edifici, che fu inaugurato nel 335.

Era costituito da tre parti: la prima - il Martyrium (perché, scrive la pellegrina Egeria «presso quel luogo il Signore morì ucciso») - era una grande aula di culto adatta ad accogliere grandi folle e destinata alla celebrazione dell'Eucarestia. La seconda parte si chiamava "Anastasis", in greco "resurrezione" e sovrastava la tomba. Il Calvario era collocato tra queste due strutture, in un cortile chiamato "Triportico".

Dell'antico splendore costantiniano oggi resta ben poco. Danneggiato dai persiani nel 614 e restaurato dal monaco Modesto, il complesso del Santo Sepolcro nel 1009 fu raso al suolo dal califfo el-Hakem. La fisionomia attuale delle fabbriche si deve al restauro ultimato nel 1048 sotto l'imperatore bizantino Costantino Monómaco e successivamente all'opera dei Crociati sul finire dell'XI secolo. Il Martyrium non fu mai più ricostruito. A racchiudere i luoghi sacri, ci fu da allora un unico grande edificio, giunto fino a noi nonostante gli evidenti segni del tempo e le lesioni causate da incendi e terremoti.

Dal XIV secolo i francescani ottennero di risiedere e officiare a nome della Chiesa cattolica, all'interno del Santuario insieme con Greci ortodossi, Armeni, Copti dei diritti dei quali disposero a loro piacimento i sultani del Cairo o di Costantinopoli. A tutt'oggi l'amministrazione e la manutenzione del Santo Sepolcro sono regolate dallo "Statu quo" del XVIII secolo, il complesso ordinamento che disciplina la convivenza delle diverse comunità.

A cinque metri sopra il piano della Basilica si eleva il Calvario, la roccia del Golgota. Al santuario si accede tramite due ripide scale. A de-

stra, la cappella dei latini venera il ricordo della decima e dell'undicesima stazione della Via Crucis: Gesù spogliato delle vesti e inchiodato sulla croce.

> Poi lo crocifissero e si divisero le sue vesti, tirando a sorte su di esse ciò che ognuno avrebbe preso. Erano le nove del mattino quando lo crocifissero. La scritta con il motivo della condanna diceva: Il re dei Giudei. Con lui crocifissero anche due ladroni, uno alla sua destra e uno alla sinistra. (Marco 15, 24-27)

Officiata dai greci-ortodossi, la cappella di sinistra poggia sulla venerata Roccia, visibile ai lati dell'altare attraverso lastre di vetro. Il disco d'argento, aperto al centro, evidenzia il foro in cui la Croce fu piantata. A destra viene mostrata la peculiare fenditura che, secondo i Vangeli, si produsse alla morte di Cristo.

> Gesù di nuovo gridò a gran voce ed emise lo spirito. Ed ecco, il velo del tempio si squarciò in due, da cima a fondo, la terra tremò, le rocce si spezzarono, i sepolcri si aprirono e molti corpi di santi, che erano morti, risuscitarono. (Matteo 27, 50-52)

> Allora il centurione che gli stava di fronte, vistolo spirare in quel modo, disse: «Veramente quest'uomo era Figlio di Dio!». (Marco 15, 39)

La sottostante cappella preserva la fenditura ver-

ticale sulla nuda roccia del Calvario venerata dai primi cristiani come segno del sepolcro di Adamo che, nell'iconografia orientale, è il primo uomo che il Risorto sottrae al potere della morte. «Circa il luogo del Cranio è giunto a noi che gli Ebrei tramandano che il corpo di Adamo è là sepolto affinché, poiché tutti muoiono in Adamo, tutti possano di nuovo risorgere nel Cristo» (Origene, Comm. in Matt. , PG 13,1777).

Presso il piccolo altare consacrato al ricordo di Maria si fa memoria della tredicesima stazione: Gesù viene deposto dalla Croce.

> Gesù allora, vedendo la madre e lì accanto a lei il discepolo che egli amava, disse alla madre: «Donna, ecco il tuo figlio!». Poi disse al discepolo: «Ecco tua madre!». E da quell'ora il discepolo l'accolse con sé. (Giovanni 19,26-27)

All'ingresso della Basilica una roccia rossastra, dalle lievi venature bianche, ricorda le cure che due discepoli - ottenuto il corpo da Pilato - dedicarono a Gesù prima della sepoltura secondo l'uso giudaico.

> Essi presero allora il corpo di Gesù, e lo avvolsero con teli insieme ad aromi. (Giovanni 19, 40)

> Ora, nel luogo dove era stato crocifisso, vi era un giardino e nel giardino un sepolcro nuovo, nel quale nessuno era stato ancora posto. Là dunque, poiché era il giorno della Parasceve dei Giudei e dato che il sepolcro era vicino, posero Gesù. (Giovanni 19,41-42)

La tomba di Gesù, a forma di arcosolio e preceduta da un vestibolo, era tagliata nella roc-

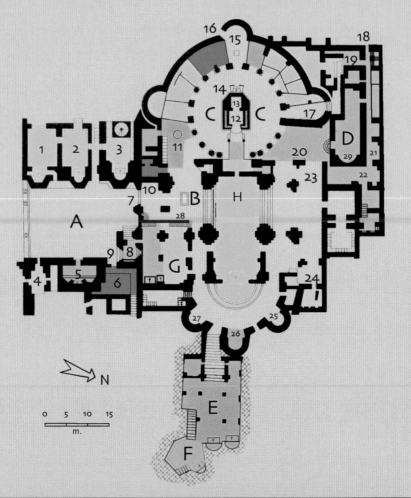

Basilica del Santo Sepolcro (pianta attuale)

A. Atrio. **B.** Pietra dell'unzione. **C.** Rotonda o Anastasis. **D.** Cappella dell'Apparizione. **E.** Cappella di S. Elena. **F.** Cappella del ritrovamento della Croce. **G.** Calvario. **H.** Coro dei Greci.

1-6. Cappelle di S.Giacomo, S. Giovanni Battista, 40 Martiri, S. Abramo, S. Giovanni Evangelista, S. Michele. **7.** Ingresso della Basilica. **8.** Cappella dei Franchi (piano superiore). **9.** Cappella di S. Maria Egiziaca. **10.** Portinai. **11.** Luogo delle Tre Marie. **12.** Cappella dell'Angelo. **13.** Santo Sepolcro. **14.** Cappella dei Copti. **15.** Cappella dei Siriani. **16.** Tomba di S. Giuseppe d'Arimatea. **17.** Passaggio. **18.** Cappella crociata. **19.** Cisterna. **20.** Altare di S. Maria Maddalena. **21.** Convento francescano. **22.** Sacrestia dei francescani. **23.** Archi della Vergine. **24.** Carcere di Cristo. **25-27.** Capelle di S. Longino, Divisione delle vesti, Colonna degli Improperi. **28.** Cappella di Adamo (sotto il Calvario).

cia e sigillata da una pietra circolare. Durante il ripristino voluto da Costantino, venne isolata dal resto della collina e inglobata in un'Edico-la nel mezzo dell'Anastasis, il grandioso edificio-mausoleo circolare.

«Questo il primo (monumento) che, la magnificenza dell'Imperatore abbellì di eccellenti colonne e di moltissimi ornamenti rendendo così splendente, la veneranda Grotta». (Eusebio di Cesarea, De vita Constantini 33-35)

Preziosa custodia e magnifica celebrazione del trofeo del grande Salvatore contro la morte, come nella definizione di Eusebio, l'Anastasis - o Rotonda - condivise nel corso dei secoli le gravi sorti del resto del complesso costantiniano, fino alla ricostruzione condotta dai greci all'inizio dell'800 in uno stile molto diverso da quello crociato. Due successivi terremoti hanno comportato interventi di contenimento, purtroppo inadeguati, di cui si auspica una definitiva sistemazione. Un luminoso passo in questa direzione è stato compiuto con il recente restauro della Cupola, promosso congiuntamente dalle comunità armena, greca e latina.

Dopo il sabato, all'alba del primo giorno della settimana, Maria di Màgdala e l'altra Maria andarono a visitare la tomba. Ed ecco, vi fu un gran terremoto. Un angelo del Signore, infatti, sceso dal cielo, si avvicinò, rotolò la pietra e si pose a sedere su di essa. Il suo aspetto era come folgore e il suo vestito bianco come neve. (Matteo 28, 1-3)

Nella piccola cappella dell'Angelo che nella sacra Edicola fa da vestibolo al Sepolcro di Cristo, un frammento della pietra su cui era assiso il messaggero di Dio è venerato in una piccola arca marmorea.

Di fronte all'Edicola, l'antico coro dei Canonici è opera dei Crociati. Noto oggi come Catholicon, è proprietà dei greci ed occupa lo spazio dove sorgevano il Triportico ed una parte del Martyrium costantiniani. Un piccolo emisfero in marmo bianco segna il cosiddetto "ombelico della terra", rievocando forse le parole del salmista:

«Dio è nostro re dai tempi antichi, ha operato la salvezza nella nostra terra». (Salmo 74, 12)

Intorno alla tomba nuova, nel giardino di Giuseppe di Arimatea, il pianto della Maddalena si converte in giubilo pasquale al riconoscimento di Gesù risorto.

Gesù le disse: «Maria!». Ella si voltò e gli disse in ebraico: «Rabbunì!» - che significa: «Maestro!». Gesù le disse: «Non mi trattenere, perché non sono ancora salito al Padre; ma va' dai miei fratelli e di' loro: «Salgo al Padre mio e Padre vostro, Dio mio e Dio vostro». Maria di Màgdala andò ad annunziare ai discepoli: «Ho visto il Signore» e anche ciò che le aveva detto. (Giovanni 20, 15-18)

Secondo una tradizione radicata nella fede cristiana, il Risorto si manifestò anche a Maria, sua madre. La cappella dell'Apparizione, di origine medievale, ospita all'interno la venerata Colonna della Flagellazione e il coro dei frati minori che dimorano nell'attiguo convento.

«E noi vi annunciamo che la promessa fatta ai padri si è realizzata, perché Dio l'ha compiuta per noi, loro figli, risuscitando Gesù» (Atti 13,32-33).

Ogni giorno i religiosi, accompagnati dai pellegrini, conducono una processione che tocca i luoghi segnati dal mistero pasquale della Passione, Morte e Resurrezione di Cristo.

FRA GABRIELE BERNARDI, OFM

Che cosa dà valore ai nostri passi? I nostri passi acquisiscono valore nella misura in cui è grande la meta. Se cerco una persona che amo, i miei passi sono preziosi.

Sembra dire Gesù: ti ricordo il cielo come meta perché tu trovi la gioia di percorrere la terra.

Sulla mia Parola m'incontrerai, ma nella fedeltà alla tua Galilea, alla tua terra. E sarai fedele se non dimenticherai che la conclusione di questa terra, della tua Galilea, è il cielo. Un messaggio meraviglioso.

MARIA CLARA

La resurrezione è l'episodio che porta

a compimento il Vangelo. E il Santo Sepolcro è anche la meta finale del nostro viaggio. È una terra che non lascia indifferenti. Forse per capire se qualcosa in noi è cambiato, dovremo mettere un po' di distanza tra noi e questi giorni. Ma di sicuro porterò questo viaggio con me per tutta la mia vita.

PIETRO

Porsi davanti alla tomba vuota vuol dire porsi davanti al mistero. Se mi pongo davanti a te e guardo il tuo corpo, è facile; ma pormi davanti a te cercando di cogliere il tuo mistero, è una sfida, come ci ha detto Padre Gabriele. In ogni persona che incontriamo dovremmo imparare a cercare la parte più importante, la parte più bella, l'invisibile che è in ognuno.

RICCARDO

Nel corso di questo viaggio ho capito che ci sono cose grandissime, enormi, che tu non decidi: non decidi di incontrare certe persone, non decidi di provare certe cose, non decidi di innamorarti. Su queste cose non hai capacità di decidere, ma hai la possibilità di abbandonarti e viverle, ed è questo che mi fa pensare che esista qualcosa di più.

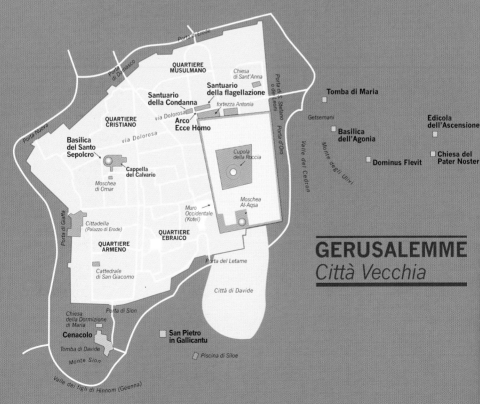

GERUSALEMME
Città Vecchia

Hakeldama

TESTI CANZONI

Le Verdi Note dell'Antoniano
Dirette dal Maestro Stefano Nanni

CAMMINANDO

Testo: F. Palaferri - Musica: M. Iardella

SOLISTA:
Con le mani per sempre allacciate
Da un sospiro leggero e costante
Per raggiungere mete sognate, sei in cammino.
Alla ricerca di un soffio di vento
Tra polvere, sassi e ricordi
Come se nulla fosse accaduto,
Ma accade ogni momento.
Cercando un segnale più forte
Dell'uomo che vinse la morte,
Cercando nel buio una luce di speranza,

SOLISTA + CORO:
Camminando
Per guarire dalla malattia del tempo che passa e gli anni porta via.
Per cercare preghiere e parole
Perché niente finisce se vince l'amore.

SOLISTA:
Stanchi di sole e di emozioni, di strade e genti diverse
Assetati di nuove parole, sei in cammino

CORO:
Camminando

SOLISTA:
Insieme scambiandosi i sogni che ti aiutano a sorridere
E senza i quali non puoi sopravvivere.

Cercando un segnale più forte dell'uomo che vinse la morte   CORO: Ah ah ah...
Cercando nel buio una luce di speranza,

SOLISTA + CORO:
Camminando
Per guarire dalla malattia del tempo che passa e gli anni porta via.
Per cercare preghiere e parole
Perché niente finisce se vince l'amore.

SOLISTA:
Con antichi volti lisi su monete incise di storia,   CORO: Ah ah ah...
Di guerre, d'amore, di gloria   Camminando

SOLISTA + CORO:
Passo dopo passo come specchi riflettersi addosso

SOLISTA:
Le sempre nuove emozioni del viaggio.

SOLISTA + CORO: Camminando,   CORO: Passo dopo passo
Camminando,   Passo dopo passo

CORO: Perché niente finisce se vince l'amore,

SOLISTA + CORO: Camminando,   Passo dopo passo
Camminando,   Passo dopo passo

CORO: Perché niente finisce se vince l'amore.....

C'È BISOGNO DI UNA SQUADRA

Testo: S. Casali   Musica: A. Zini

1° SOLISTA: Nelle sfide di ogni giorno metti cuore ed energia
E proteso verso un sogno non importa quale sia,

2° SOLISTA: Metti a fuoco il tuo percorso, ogni sua difficoltà,
Porta dietro il tuo trascorso, prospettiva cambierà.

3° SOLISTA: Sopra il filo del destino il tuo viaggio inizierà,
Come appeso allo spartito delle possibilità.

2° SOLISTA: Prendi in mano il tuo coraggio
E prendi in mano i tuoi perché,
2° e 3° SOLISTA: Attraverso questo viaggio verso il mondo e verso te.

4° SOLISTA: E se a un tratto qualche cosa   **CORO:** Ah ah ah....
Sembra insormontabile,
Se ti sembra una salita

4°SOLISTA + CORO: Troppo ripida per te.

CORO: C'è bisogno di una squadra
Che cammini insieme a te,
Per tagliare quel traguardo da condividere.
4° SOLISTA: Il cammino della vita   **CORO:** Uh uh uh...
Mille strade ci aprirà,
Ogni passo è un'altra sfida verso la felicità.

CORO: C'è bisogno di una squadra
Che cammini insieme a te,
Per tagliare quel traguardo da condividere.
Siamo tratti di un disegno
Che una forma prenderà.
Tutti insieme, tutti è meglio nella lealtà.

4° e 5° SOLISTA: Noi pur sapendo che ogni viaggio a volte cambia direzione,
Che sfidando sempre il limite tra il sogno e l'illusione,
Siamo tratti di un disegno che nessuno fermerà,
Se ogni giorno a colorarlo
4° SOLISTA: Userai la volontà.

CORO: C'è bisogno di una squadra
Che cammini insieme a te,
Per tagliare quel traguardo da condividere.
Siamo tratti di un disegno
Che una forma prenderà.
Tutti insieme, tutti è meglio nella lealtà,
Nella verità, nella libertà...

4° e 5° SOLISTA: Noi pur sapendo che ogni viaggio a volte cambia direzione,
Che sfidando sempre il limite tra il sogno e l'illusione,

TUTTI: Siamo tratti di un disegno che nessuno fermerà,
Se ogni giorno a colorarlo userai la volontà.

QUALCOSA ACCADRÀ

Testo: M.F. Polli   Musica: M. Iardella

SOLISTA: Ferma un temporale a metà,
                  Prova ad ascoltare chi non fa rumore,
                  Certo che la felicità, chi non la conosce, ne gusta il sapore.

                  Non è sempre a ciel sereno che scoppia un dolore,
                  Il cuore non si lascia imbrogliare,

CORO: Ma appena una ferita, ti cambia la vita.

                  Senti che qualcosa accadrà,
                  Magari è un vecchio sogno che si avvererà.
                  Magari è solo un giorno migliore
                  Se adesso chiudi gli occhi e rimani a guardare.
                  Puoi scoprire che il cielo non è lontano,
                  Che non è solo destino!
                  Brucia da morire sull'anima il sole.

SOLISTA: C'è una strada dentro te che ti fa paura
                  E non sai attraversare,
                  Non c'è un angelo qui in giro con cui fare pace,   CORO: Ah….
                  Stanotte forse c'è troppa luce

CORO: Eppure non ci vedi, ma anche se non ci credi…

                  Senti che qualcosa accadrà,
                  Magari è un altro sogno che si avvererà.
                  Magari c'è chi sta per tornare
                  Se troverai il coraggio di farti abbracciare.
                  Puoi scoprire che il cielo non ha un confine
                  Che non scompare nel mare,
                  Brucia da morire sull'anima il sale.

SOLISTA: Ferma un temporale a metà! CORO: Ah….

CORO: Puoi scoprire che il cielo non è lontano,
                  Che sotto un arcobaleno,

SOLISTA: Non è solo un respiro che ti soffia sul viso
                  Non è solo un pensiero che va,
                  Qualcosa accadrà!

UN VIAGGIO CON TE

Testo: G. Manara   Musica: S. Merlo

1° SOLISTA: Orizzonti di cielo e di mare
                     Nel mio viaggio per la libertà,
                     Altri uomini devo incontrare in nuove città.

1° SOLISTA + CORO: Nel silenzio dei grandi deserti la Sua voce mi consolerà,
                     La Sua luce poi nella notte mi guiderà,   CORO: Mi guiderà.
                     Una strada che non conoscevo mi porta da voi,   Resta insieme a noi
                     E con nuovo coraggio vi parlo ancora di Lui,   Resta insieme a noi!

                     Io viaggerò per Te, camminerò con Te,
                     Un'avventura grande sarà!   CORO: Grande sarà!
                     E se verrai con me tu capirai perché il cuore cerca la verità.

1° SOLISTA: Risponderò   CORO: Ai nostri perché
                     Racconterò   L'amore per noi
                     E scriverò

1° SOLISTA + CORO: Le lettere che

1° SOLISTA: Un giorno troverai!

CORO: Viaggerò con Te, camminerò
                     Un'avventura grande sarà,   1° SOLISTA: Il viaggio insieme a voi
                     Viaggerò con Te, camminerò cercando sempre la verità.

2° SOLISTA: Le Tue lettere tra le mie mani sono immagini di carità,

2° SOLISTA + CORO: Vedo un volto che mi racconta la verità,   CORO: La verità.
                     Una strada che non conoscevo mi porta con Te,   Dietro ai passi suoi,
                     Ed un nuovo coraggio si accende anche dentro di me,   Dietro ai passi suoi!

2° SOLISTA + CORO: Io viaggerò per Te, camminerò con Te
                     Un'avventura grande sarà!   CORO: Grande sarà.
                     E se verrai con me tu capirai perché il cuore cerca la verità.

2° SOLISTA: Risponderò   CORO: Ai nostri perché
                     Racconterò   L'amore per noi
                     E scriverò

2°SOLISTA + CORO: Le lettere che   2° SOLISTA: Un giorno troverai!

CORO: Viaggerò con Te, camminerò
                     Un'avventura grande sarà,   2° SOLISTA: La gioia insieme a noi
                     Viaggerò con Te, camminerò cercando sempre la verità.

2° SOLISTA: La gioia insieme a noi!

Le Verdi Note dell'Antoniano

59

UN UOMO IN PIÙ

Testo: M. Iardella   Musica: M. Iardella

SOLISTA: Verso una lacrima su questa guerra   CORO: Uh…..
                    E una colomba si solleva da terra,
                    Come un bambino io mi sento diverso
                    Forse perché amo il mondo e l'universo.   E l'universo.

                    Non resto indifferente   Ah….
                    Apro il cuore e la mia mente.
                    Non restare indifferente mai,   Non restare indifferente mai!

CORO: Sorridi!

TUTTI: Tu, un uomo in più per dire basta
                    A chi pensa che: "sai non tocca a noi!"
                    Ma quella scossa ti dirà che…

SOLISTA: È pace!

                    Volto le pagine di questa vita   CORO: Oh….
                    Il fiore che sboccia in me, non è finita!   In questa vita.

                    Non resto indifferente,   Ah….
                    Apro il cuore e la mia mente.
                    Non restare indifferente mai,   Non restare indifferente mai!

CORO: Sorridi!

CORO: Tu, un uomo in più per dire basta   SOLISTA: Tu un uomo in più,
                                                                          [per dire basta!

TUTTI: A chi pensa che: "sai non tocca a noi!"
                    Ma quella forza ti dirà che:

CORO: Guardo dentro gli occhi e penso

TUTTI: Fra i mille colori della mente,
                    Chi ama, sai, non resta indifferente, se credi.

CORO: Tu, un uomo in più per dire basta   SOLISTA: Tu un uomo in più

TUTTI: A chi pensa che: "sai non tocca a noi!"
                    Ma quella forza che è dentro te è pace!

SOLISTA: È pace!   CORO: Oh….

E STARE COSÌ

Testo: F. Palaferri

Musica: M. Iardella

1° SOLISTA:
Braccia dietro la testa, sdraiato a guardare un cielo straniero
In questa sera d'argento,
Stella cadente che attraversi lo sguardo
Accendi i colori e cambi la mia scena.
Sulle colline i campi coltivati,
Una sirena della polizia,
Sento lontano un suono di campane...

2°SOLISTA + CORO:
E stare così, la luce sfolgorante delle stelle,
E stare così, al buio della notte per vederle.

1° SOLISTA:
Per sempre così
Con le stelle alte in cielo!

1° SOLISTA + CORO:
Come la luce di uno sguardo
Pensando che ora splende per te!

1° SOLISTA:
Non c'è stato un momento in cui possa dire
Di essere stato innamorato di te,

1° e 2° SOLISTA:
Perché sono sempre
Stato perdutamente innamorato di te!

1° SOLISTA + CORO:
Non un momento con lo sguardo basso,
Ma con lo sguardo alto, dove tutto
Prende forma, colore, emozione!

2° SOLISTA + CORO:
E stare così, la luce sfolgorante delle stelle,
E stare così, al buio della notte per vederle.

1° SOLISTA + CORO:
Per sempre così
Innamorati dentro un sacco a pelo
Come la luce di uno sguardo
Pensando che ora splende per te!

CORO:
Like a star that shines for you,
Like a star that shines for you,
Like a star that shines for you.

3° SOLISTA: Uh......

2° SOLISTA + CORO:
E stare così, la luce sfolgorante delle stelle,
E stare così, al buio della notte per vederle.

TUTTI:
Per sempre così
Con le stelle alte in cielo!
Come la luce di uno sguardo
Pensando che ora splende per te!
Like a star that shines for you......

1° SOLISTA:
E stare così.

Le Verdi Note dell'Antoniano

61

LE VERDI NOTE DELL'ANTONIANO

CAMMINANDO è il titolo del loro album, ma anche il modo in cui le Verdi Note amano raccontarsi: perché il cammino è ricerca, cambiamento, rinnovamento, senza mai dimenticare i valori che hanno determinato i primi passi.

Le Verdi Note sono nate nel 1989 proprio da questo spirito, dalla passione per la musica, dall'affetto per il Piccolo Coro dell'Antoniano - celebre coro di voci bianche, di cui sono il naturale proseguimento - e per la sua indimenticata fondatrice e direttrice, Mariele Ventre.

Il gruppo, composto da giovani tra i 15 e i 35 anni, non è solo una scuola di canto ma anche una palestra per l'esercizio di quei valori, come l'accoglienza e la solidarietà, a fondamento dell'Antoniano stesso. Le Verdi Note - dirette da Stefano Nanni, professore di musica stimato da intere generazioni di allievi - hanno un repertorio che spazia dalla musica classica al pop-rock, dal musical al gospel, dalla musica sacra a canti liturgici in chiave moderna, classica o a cappella. Un percorso in continua evoluzione: il primo cd "Per la mia mamma" è del 1989, seguito nel 1997 da "La strada di Emmaus" e da "Canto Giubilare 2000" nel 2000. Nel 2006 arriva la raccolta natalizia "Magia di Natale" e, infine, "Camminando" nel 2011, sul tema del viaggio. Diverse le partecipazioni televisive, principalmente su Raiuno; intensa anche l'attività concertistica in tutta Italia.

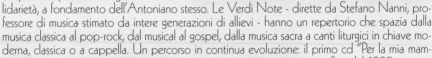

Per foto, video, racconti, album: **www.verdinote.it**
Discografia ufficiale disponibile presso l'Antoniano di Bologna: **www.antoniano.it**
È possibile scaricare direttamente da internet, in digitale ed in totale legalità,
la musica del coro tramite i più moderni negozi di musica online.

ANTONIANO
BOLOGNA

ANTONIANO ONLUS

L'Antoniano di Bologna, fondato dai frati minori francescani nel 1953, è stato riconosciuto come Onlus nel 2006 per le sue attività di beneficenza e di assistenza sociale e sanitaria. L'operato di Antoniano Onlus si articola attraverso le seguenti iniziative: il Centro d'Ascolto e la Mensa, il Fiore della Solidarietà, Antoniano Insieme e Teatro in Corsia.

La **Mensa del Povero**, attiva dal 1954, offre ogni giorno circa 60 pasti caldi a poveri e senza dimora che hanno la possibilità di essere seguiti dagli assistenti sociali del Centro d'Ascolto. Parte integrante di quest'attività è la presenza di Antoniano Onlus nei piani di emergenza stagionale che prevedono la gestione invernale di un dormitorio nel cuore di Bologna.

Antoniano Insieme è un centro di riabilitazione che realizza interventi educativi e riabilitativi per bambini disabili grazie ad un'equipe medica specializzata in psicologia e neuropsichiatria infantile e operatori altamente qualificati nelle varie discipline: logopedia, fisioterapia, psicomotricità e musicoterapia.

Il **Fiore della Solidarietà** promuove ogni anno un progetto di aiuto rivolto ad emergenze nazionali ed internazionali con l'obiettivo di realizzare opere concrete in tempi brevi. Con il contributo dei sostenitori, dal 1991 sono sorte case di accoglienza, strutture sanitarie e scuole in oltre venti Paesi di cinque continenti.

Teatro in Corsia è un servizio offerto gratuitamente ai reparti pediatrici di tutta Italia. I bambini degenti possono godere degli spettacoli della stagione di Teatro Ragazzi dell'Antoniano, trasmessi tramite un collegamento in banda larga: una iniziativa per rendere meno gravoso e traumatizzante il difficile periodo dell'ospedalizzazione.

Vuoi sostenere i nostri progetti? **Ecco come puoi fare:**

- fai una donazione tramite bollettino postale al conto corrente numero 16841405 intestato ad Antoniano - via Guinizelli 3, 40125 Bologna, specificando nella causale il progetto da te scelto
- fai una donazione tramite conto corrente bancario
  IBAN: IT 16 F 05188 11701 000000000222 presso
  BANCO POPOLARE specificando nella causale il progetto da te scelto
- fai una donazione **on-line su aiutaci.antoniano.it**
- chiama il numero verde **800 200 302** per ricevere tutte le informazioni che desideri!

Indice

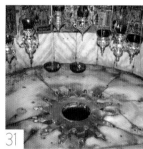

Finito di stampare nel mese di luglio 2011 da

AZETA PRINT SERVICE srl
Via dell'Osservanza 88/A - 40136 Bologna